Aimer la Cuisine de Provence

Christian Etienne

Photographies :
Didier Benaouda

Restaurant Christian Etienne
10, rue de Mons
Avignon

ÉDITIONS OUEST-FRANCE
13, rue du Breil - Rennes

Ph. Eric Cattin

Sommaire

Introduction

La bonne et haute cuisine est faite de nature, d'accent et d'amitié. Christian Etienne est une nature, il a un accent, quant à l'amitié, il est de grand partage ! Sa nature est de Provence, son accent, provençal, et son amitié, proverbiale et méditerranéenne.

La Provence est très sobre et très parfumée, elle est inoubliable. Quand Christian était à l'Intercontinental, dans la même brigade que Gagnaire (excusez du peu !), tous deux parlaient des agneaux, des herbes des collines, de rougets et de loups (et non de bars), d'huile d'olive, de petits légumes et d'autres produits ensoleillés, légers et très savoureux que l'on peut trouver au sud de Montélimar et non ailleurs. Christian a cultivé sa nostalgie dans la fébrilité du grand palace, il a beaucoup appris ! On apprend toujours quand on est doué par héritage.

Ph. Éric Cattin

Et puis Christian est revenu dans son fief, sur son terroir plein de tomates et de truffes sous le soleil, dans le grand mistral qui purifie l'air, les têtes et les cœurs. Christian est revenu en se fixant comme ligne de conduite culinaire de rendre hommage à la terre de Provence et à celles qui ont provoqué sa vocation ; ses deux grands-mères et sa mère qui régalaient la famille avec ce que proposaient jardins et vergers et surtout avec beaucoup d'amour familial.

A cette cuisine de pays provençal, Christian a apporté deux choses : les tours de main de la grande cuisine d'un finaliste de concours du Meilleur ouvrier de France et sa touche personnelle, sa classe !

Dans cet ouvrage, il vous guide en cuisine provençale parmi les petits farcis, les plats mijotés et quelques fulgurances gustatives. Il le fait gentiment, avec vergogne car les vrais Provençaux sont gentils et discrets.

Vous allez découvrir le secret des bonnes ratatouilles, des brandades subtiles, des simples pois chiches sublimés par l'huile d'olive. Vous apprendrez le sorbet au fenouil et la tarte aux pignons. Quand vous servirez des rougets en barigoule à vos amis, vous aurez sur la tête la toque d'un chef, d'un grand chef chaleureux et convivial... Peu à peu vous prendrez l'accent, vous découvrirez la Camargue et les garrigues, vous connaîtrez la Provence par ce qu'elle a de plus subtil : sa saveur et ses parfums !

A vos tians, daubières et marmites et bon appétit !

Robert Ledrole

Les Soupes

Crème de potiron (courge)

Cette soupe est un peu douce. Elle se consomme souvent en hiver. Il y a plusieurs façons de la terminer mais la préparation de base est toujours la même. Je vous donnerai plusieurs variantes que nous utilisons beaucoup en Provence.

CRÈME DE COURGE

Pour 10 personnes

3 KG DE COURGE
2 BLANCS DE POIREAU
3 GOUSSES D'AIL
80 G DE BEURRE
1 L DE CRÈME FLEURETTE
50 CL DE LAIT
SEL, POIVRE, HUILE D'OLIVE, MUSCADE

•Peler la courge et la couper en gros dés. Emincer les blancs de poireau, les faire suer au beurre dans un grand sautoir. Les laisser à blanc.

•Ajouter les dés de courge et les gousses d'ail. Remuer à feu doux pendant 20 à 25 minutes puis mouiller avec le lait et la crème fleurette. Laisser cuire en remuant toujours.

•La courge doit fondre dans le sautoir et devenir lisse. Passer au gros chinois. Rectifier en sel et poivre et quelque peu de muscade.

•Aromatiser avec quelques gouttes d'huile d'olive.

•On obtient là une crème de courge qui peut très bien se manger telle quelle.

CRÈME DE COURGE AUX TRUFFES

•1 l de crème de courge + 50 g de truffes hachées et quelques gouttes d'huile d'olive. On ajoute toujours la truffe au dernier moment, dans la crème bien chaude.

CRÈME DE COURGE AU PISTOU

•Préparer un pistou avec 20 g de feuilles de basilic fraîches, 3 gousses d'ail pilées au mortier et 3 cuillères d'huile d'olive. Mélanger le pistou à la crème de courge.

On peut ainsi laisser aller son imagination à l'infini. La cuisine, c'est un peu comme la musique, quand on connaît un peu le solfège, on peut faire ce que notre bon goût nous semble.

Crème de courge à la ciboulette

CRÈME DE COURGE À LA CIBOULETTE

• 1 l de crème de courge + 50 g de ciboulette finement hachée que l'on incorpore au dernier moment.

Pour 6 personnes

4 CAROTTES
3 OIGNONS
1 BRANCHE DE CÉLERI
2 TÊTES D'AIL
THYM, LAURIER
SEL, POIVRE
3 KG DE TOMATES
2 CUILLÈRES À SOUPE DE CONCENTRÉ
1 L DE FOND BLANC
2 CUILLÈRES DE FARINE

VELOUTÉ DE TOMATES AU BASILIC

•Faire une mirepoix avec les légumes. Suer à l'huile d'olive. Mettre 2 kg de tomates coupées en gros cubes et cuire longuement à feu doux comme on le ferait pour une sauce. Peler et épépiner le kilo de tomates restantes. Blender la chair. Avec la pulpe obtenue, détendre la soupe. Mettre à point en assaisonnement. Servir glacé avec quelques feuilles de basilic haché.

•On peut également le manger chaud. Avec une giclée d'huile d'olive, ce n'est pas mal du tout.

SOUPE DE POISSONS

Cette soupe est un peu longue à préparer mais elle est si bonne !

On trouve chez son poissonnier plusieurs petits poissons pour cette recette.

Il existe plusieurs sortes de soupes de poissons : la soupe grise ou de chalut, qui est bien moins chère mais qui n'a pas beaucoup de goût, et la soupe rouge ou de roche, faite avec des petits poissons rouges. Celle-ci est excellente.

Ingrédients

3 KG DE SOUPE ROUGE
1 POIREAU
1 BULBE DE FENOUIL
3 TÊTES D'AIL (COUPÉES EN DEUX)
1 OIGNON
250 G DE TOMATES CONCENTRÉES
2 G DE SAFRAN
THYM, LAURIER

Soupe de poissons

•Faire suer tous les légumes sans coloration. Ajouter les poissons (soupe rouge), le concentré de tomates, le safran. Bien remuer jusqu'à ce que le poisson se désagrège. Mouiller à l'eau juste à hauteur. Faire cuire 2 heures à bouillon modéré. Passer ensuite au chinois (pas trop fin). Rectifier en sel et poivre puis réserver au chaud. Il doit rester au moins 5 l de bouillon. Servir avec des croûtons grillés et un peu de rouille.

•Certains ajoutent du gruyère râpé mais je vous avoue que je ne suis pas pour.

SOUPE D'ÉTRILLES AUX POIREAUX

L'étrille est un petit crabe brun. Cette soupe peut aussi se faire avec des crabes verts, le tout étant qu'ils soient vivants.

•Couper les carottes en gros dés, les échalotes en quatre et écraser les gousses d'ail.

•Dans une marmite assez grande, faire chauffer l'huile d'olive. Quand elle est fumante, jeter les crabes à l'intérieur et remuer sans cesse. Ils doivent être bien rouges de tous les côtés.

•Ajouter alors les légumes et laisser suer quelques minutes puis ajouter la tomate concentrée. Mouiller enfin avec le vin blanc. Attention, toute cette opération doit être rapide.

•Recouvrir ensuite avec de l'eau poivrée et salée juste à hauteur, puis mettre le piment d'Espelette. Laisser cuire 20 minutes.

•Passer le tout dans une grosse passoire en écrasant bien les crabes puis repasser ensuite le tout au chinois fin et refaire cuire 15 à 20 minutes afin que tous les sucs se concentrent.

•La soupe doit avoir une couleur rouge foncé et être très forte en goût.

Pour l'accompagner, je vous donne la recette des poireaux frits. C'est facile et très amusant en accompagnement. Ils amènent un peu de craquant, c'est très agréable.

•Couper des tronçons de blancs de poireau de 15 cm de long. Les refendre en deux et les émincer finement en julienne.

•Préparer une friture à 150 °C et, par petites quantités, y jeter les poireaux.

•Quand ils sont blonds, les sortir à l'aide d'une araignée et les saler de suite.

•Au moment de servir la soupe, en parsemer un peu dans l'assiette.

•Bon appétit. Vous verrez qu'avec un verre de Lirac blanc, c'est pas mal du tout.

•On peut également mettre en garniture du riz rond bien éclaté, cuit à l'eau ou des gros vermicelles.

Pour 2 l de soupe

2 KG DE CRABES
2 CAROTTES
2 ÉCHALOTES
3 GOUSSES D'AIL
2 BLANCS DE POIREAU POUR LA GARNITURE
1 BRANCHE DE CÉLERI, THYM, LAURIER
3 CUILLÈRES À SOUPE DE TOMATE CONCENTRÉE
HUILE D'OLIVE, SEL, POIVRE
1 PIMENT D'ESPELETTE
50 CL DE VIN BLANC

Crème de lentilles

CRÈME DE LENTILLES

Nous utilisons ici la lentille verte du Puy, chère à mon ami Régis Marcon, grand cuisinier de cette région.

Chez nous en Provence, on faisait cuire les lentilles avec un morceau de petit salé et beaucoup d'eau. Le jus de cuisson servait de soupe claire avec du pain sec et nous mangions les lentilles soit en salade, soit tièdes avec le petit salé. Avec un plat, on faisait toute la semaine.

Là, je vous donne la recette qui fait usage dans mon établissement en hiver.

• Faire suer les lardons avec un peu d'huile d'olive. Quand ils sont bien roussis, mettre les lentilles, mouiller avec l'eau et ajouter les légumes. Laisser cuire une bonne heure, retirer les légumes et passer le bouillon au presse-purée. Rectifier l'assaisonnement. Ajouter quelques gouttes d'huile d'olive.

• Au moment de servir, ajouter la crème fouettée et donner un bon coup de mixer pour émulsionner le tout.

• C'est une soupe que l'on peut également manger froide. C'est un goût très fin et bien parfumé à l'huile d'olive, c'est extra.

Pour 10 personnes

300 G DE LENTILLES VERTES
1 CAROTTE
1 OIGNON
2 GOUSSES D'AIL
100 G DE PETIT SALÉ COUPÉ EN GROS DÉS
2,5 L D'EAU
25 CL DE CRÈME FOUETTÉE
HUILE D'OLIVE

SOUPE D'ÉPEAUTRE

L'épeautre est une sorte de blé sauvage qui pousse dans nos montagnes, beaucoup sur le plateau de Sault et dans le Ventoux. Sa rusticité le rend très goûteux. On le trouve dans le commerce sous l'appellation de petit épeautre, c'est le meilleur.

Je donnerai ici la recette d'une soupe très ancienne. Pour la curiosité, ça vaut le coup de la faire. Il est vrai que cette soupe est destinée aux gens de la campagne. Peu de citadins en mangent car elle tient bien au ventre.

• Mettre dans une marmite le gigot de mouton, de préférence du côté de la souris. Mouiller avec 3 l d'eau et faire bouillir en écumant au fur et à mesure que les impuretés remontent à la surface.

• Ajouter l'oignon, l'ail, le céleri, les carottes, la feuille de laurier et le thym. Saler très peu et laisser cuire doucement 2 heures. Ajouter un peu d'eau afin qu'il y ait toujours 3 l.

• Passer ce bouillon et réserver la viande et les légumes que l'on mangera à part.

• Dans une marmite de bonne dimension, mettre les 300 g d'épeautre et mouiller avec le bouillon. Laisser cuire 30 à 45 minutes doucement à court bouillon. Rectifier l'assaisonnement et servir la soupe telle quelle avec quelques gouttes d'huile d'olive.

• C'est un peu rustique mais très bon en goût.

• Pour un résultat plus fin, on peut passer la soupe au presse-purée. On ne voit plus les grains et la soupe est plus fine. Si elle est trop épaisse, on peut la détendre avec un peu d'eau.

Ingrédients

300 G D'ÉPEAUTRE
1 KG DE GIGOT DE MOUTON
1 OIGNON PIQUÉ DE CLOUS DE GIROFLE
1 GOUSSE D'AIL
1 BRANCHE DE CÉLERI
2 CAROTTES
1 FEUILLE DE LAURIER
1 BRANCHE DE THYM
SEL, POIVRE, HUILE D'OLIVE

SOUPE D'ÉPEAUTRE AUX SAUCISSES DE COUENNE

Pour 10 personnes

4 SAUCISSES DE COUENNE
300 G DE PETIT ÉPEAUTRE
1 BRANCHE DE CÉLERI, THYM, LAURIER POUR LA
CONFECTION D'UN BOUQUET GARNI
1 CAROTTE
1 OIGNON PIQUÉ DE 4 CLOUS E GIROFLE

Aujourd'hui, en hiver, je fais souvent de la soupe d'épeautre aux saucisses de couenne. Voici la recette.

- Faire cuire les saucisses dans 3,5 l d'eau avec les légumes et le bouquet garni, pendant 1 heure à 1 heure et demie selon grosseur.
- Passer le bouillon sur le petit épeautre et laisser cuire 30 à 40 minutes.
- Pendant ce temps, quand les saucisses sont froides, les couper en rondelles un peu épaisses (2 à 3 cm). Les faire griller et les rajouter en garniture dans la soupe.

C'est une soupe de très bon goût en hiver, à manger avec un verre de vin rouge à la fin (un Gigondas n'est pas mal).

BOUILLON DE LÉGUMES TAILLÉS AUX FINES HERBES

Pour 10 personnes

1 OIGNON
5 CAROTTES
3 NAVETS
6 BRANCHES DE CÉLERI BIEN BLANCHES
2 TOMATES FRAÎCHES MONDÉES ET COUPÉES EN
GROS DÉS
3 POMMES DE TERRE ROSEVALT
3 COURGETTES
1 FEUILLE DE LAURIER, 1 BRANCHE DE THYM,
10 G DE CIBOULETTE HACHÉE, 1 GOUSSE D'AIL

Il est agréable en hiver de manger de la soupe. On peut vraiment aller à l'infini, chaude ou froide. Ici, je vous donne la recette d'un bouillon excellent car, avec les légumes taillés, on a le craquant et le goût du légume, tout le parfum et la saveur du bouillon.

- Faire un bouillon clair avec : 1 carotte coupée grossièrement, 1 navet, 1 courgette, 1 oignon et toutes les feuilles des branches de céleri.

Faire suer l'oignon coupé finement et ajouter les légumes, la gousse d'ail, le thym, le laurier et mouiller jusqu'à hauteur. Laisser cuire doucement ce breuvage légèrement salé.

- Pendant ce temps, couper le reste des légumes finement. Pour les carottes, les navets et les courgettes, les couper en quatre dans le sens de la longueur et finement émincés. Le céleri sera épluché et finement émincé.
- Cuire les légumes séparément dans un peu de bouillon que l'on aura passé dans une autre casserole.
- Les tenir bien craquants et les refroidir à l'eau glacée afin que la cuisson s'arrête et réserver dans une soupière. Ajouter les dés de tomates crus, la ciboulette hachée et un peu d'huile d'olive.

- Au moment de servir, verser le bouillon bien chaud sur les légumes.

Bouillon de légumes taillés aux fines herbes

SAUCE ROUILLE

Ingrédients

2 GOUSSES D'AIL
1/4 PIMENT ROUGE D'ESPAGNE
1 TRANCHE DE MIE DE PAIN TREMPÉE DANS DU LAIT
HUILE D'OLIVE

- Piler le tout au mortier ou au mixer.

- Ajouter 20 cl d'huile d'olive. Cela doit faire une pommade. Ajouter alors 20 cl de soupe de moules.

- On peut aussi préparer de la rouille pour la soupe de poissons. On détend alors la pommade avec de la soupe de poissons.

Soupe au pistou

Soupe au pistou

- Effiler et équeuter les haricots verts et les couper en tronçons. Tailler les courgettes en dés.
- Cuire les haricots verts dans 2,5 l d'eau salée et poivrée. Après 15 minutes, ajouter les carottes et les pommes de terre. Après 15 minutes, ajouter les courgettes.
- Cuire 15 minutes puis ajouter le vermicelle.
- Piler la pulpe des tomates, l'ail épluché, le parmesan et les feuilles de basilic en mouillant peu à peu avec l'huile d'olive.
- Verser dans la soupe en pleine ébullition.

Cette soupe, qui nous vient de Gênes, se sert aujourd'hui aussi bien chaude en automne que froide en été. Elle peut être plus ou moins rafraîchissante suivant la dose de tomates que l'on y met. Souvent, on y ajoute quelques couennes au lard de jambon, reste de nos garde-manger qui peuvent être parfois un peu rances.

C'est le plat typique de l'été provençal.

Ingrédients

100 G DE GROS HARICOTS VERTS
100 G DE COCOS BLANCS
2 OU 3 COURGETTES
100 G DE CAROTTES
50 G DE POMMES DE TERRE
100 G DE GROS VERMICELLE
4 TOMATES TRÈS MÛRES
5 GOUSSES D'AIL
1 BOUQUET DE BASILIC
75 G DE PARMESAN
25 CL D'HUILE D'OLIVE
2,5 L D'EAU

Soupe d'escargots à l'ail doux

- Si l'ail est vieux, ôter les germes et compter 120 g.
- Faire chauffer le coulis.
- Blanchir l'ail trois fois pour lui enlever toute son amertume : mettre dans une petite casserole les gousses, recouvrir à hauteur de lait froid, porter à ébullition. Oter du feu après les premiers bouillons, égoutter l'ail, jeter le lait.
- Recommencer deux fois cette opération.
- Egoutter les escargots. Si ce sont des escargots sauvages, les faire cuire après les avoir fait jeûner, avec quelques gousses d'ail et un gros bouquet de fenouil ; les égoutter.
- Les chauffer ensuite dans une poêle avec de l'huile d'olive, ajouter l'ail soigneusement haché, mêler délicatement. Saler, poivrer.
- Couper le persil grossièrement avec une paire de ciseaux, le verser sur les escargots. Tourner une ou deux fois. Passer le mélange dans le fond d'une soupière.
- Mêler la pulpe de tomate au coulis bouillant. Verser ensuite dans la soupière, mélanger délicatement avant de servir.

Pour 4 personnes

1 L DE COULIS DE TOMATE
200 G DE PULPE DE TOMATE
100 G DE GOUSSES D'AIL ÉPLUCHÉES
100 G DE PERSIL PLAT
24 OU 48 ESCARGOTS EN BOÎTE SELON LES GOÛTS
LAIT
SEL, POIVRE

VELOUTÉ DE BLANCS DE VOLAILLE AUX GRENOUILLES

Pour 6 personnes

1 L DE FOND BLANC
80 G DE FARINE
80 G DE BEURRE
SEL, POIVRE
CITRON, MUSCADE
50 CL DE CRÈME FRAÎCHE
18 CUISSES DE GRENOUILLES
50 CL DE LAIT

- Commencer par faire cuire un velouté. Pour cela, faire un roux avec 80 g de beurre et 80 g de farine. Mouiller avec le fond blanc et laisser cuire au moins 1 heure sur le coin du fourneau. Une cuisson longue et lente ôtera complètement le goût de farine.

- Pendant ce temps, pocher les cuisses de grenouilles dans le lait. Un seul bouillon suffit. Les égoutter et les sécher. Ensuite, les désosser avec précaution et les réserver dans la soupière. Mettre un couvercle et tourner de temps en temps.

- Incorporer en fin de cuisson la crème dans le velouté en fouettant fermement mais calmement.

- Repasser sur le feu pour le terminer, il faut que ce soit lisse et blanc.

- Rectifier l'assaisonnement, ajouter le jus d'un demi-citron, râper un tout petit peu de noix de muscade.

- Tourner, verser hors du feu le velouté brûlant sur les cuisses de grenouilles.

SOUPE D'HUÎTRES

Pour 6 personnes

18 HUÎTRES DE BOUZIGUES OU DES VERTES
DE CLAIRE
80 G DE BEURRE
100 G DE FARINE
1 L DE BOUILLON DE VOLAILLE CORSÉ
LE JUS DE 1/2 CITRON
SEL, POIVRE

- Ouvrir les huîtres et réserver leur jus après l'avoir filtré.

- A part, faire un velouté : préparer un roux blanc, mettre le beurre à fondre, saupoudrer de farine et tourner le mélange brièvement. Pour que le roux reste blanc, il ne faut pas que la farine cuise trop longtemps ni vivement. Mouiller avec le bouillon après avoir fait refroidir le roux, cela évite les grumeaux.

- Fouetter, remettre sur le feu pendant 30 minutes. Passer ensuite, rectifier la consistance en ajoutant du bouillon ou en faisant réduire encore. Il faut lui donner l'aspect d'une crème légère.

- Ne pas saler. Par contre, assaisonner de poivre et de muscade.

- Ensuite, détendre avec le jus réservé des huîtres et remettre au feu avec le jus de citron.

- Disposer les huîtres dans le fond de chaque assiette. Passer ensuite dessus la soupe bouillante qui va les saisir sans trop les cuire.

SOUPE DE MOULES AU SAFRAN

Pour 10 personnes

4 KG DE MOULES
50 CL DE VIN BLANC
2 CAROTTES HACHÉES FINEMENT
1 OIGNON HACHÉ FINEMENT
2 GOUSSES D'AIL HACHÉES FINEMENT
1 TOMATE
1 G DE SAFRAN
POIVRE, THYM, LAURIER, HUILE D'OLIVE

Les moules que nous utilisons chez nous proviennent souvent de l'étang de Tau. Cette recette peut aussi se faire avec de la bouchot, qui est plus petite et parfois plus pleine.

- Bien laver les moules. Les cuire pour les ouvrir avec le vin blanc, le thym et le laurier sans trop les cuire car la moule trop cuite devient caoutchouteuse et sèche.

- Les décortiquer, sortir les moules de leurs coquilles et réserver dans une soupière.

•Passer le jus en faisant bien attention qu'il ne reste pas de sable (souvent il se dépose au fond de la casserole).

•Dans une casserole où l'on aura fait chauffer l'huile d'olive, jeter les carottes et les oignons. Quand ils sont bien revenus, ajouter l'ail et enfin la tomate et le safran.

•Goûter le jus des moules afin qu'il ne soit pas trop salé et mouiller les légumes de la cuisson. S'il est trop salé, le dédoubler avec de l'eau.

•Donner une bonne ébullition et verser bien chaud sur les moules.

•On peut les accompagner de croûtons grillés frottés à l'ail ou de sauce rouille.

Soupe de moules au safran

Soupe de petits-gris aux blettes

Pour 10 personnes

5 CÔTES DE BLETTES AVEC LE VERT
60 ESCARGOTS
3 L DE BOUILLON DE POULE BIEN CORSÉ
HUILE D'OLIVE
SEL, POIVRE, HERBES FRAÎCHES, PERSIL ET CIBOU-
LETTE

Cette soupe est presque un plat à elle toute seule. Les petits-gris sont des escargots de chez nous, petits et très goûteux car ils sont nourris des herbes de notre garrigue : thym, fenouil et autres plantes aromatiques.

Je vous conseille de les acheter en conserve car c'est beaucoup de travail que de les préparer, pour un résultat qui n'est pas meilleur que celui des conserves.

- Préparer les blettes en gardant les feuilles vertes les plus grandes possibles.
- Les faire blanchir à l'eau salée 5 minutes. Les rafraîchir dans la glace pour qu'elles restent bien vertes.

Soupe de petits-gris aux blettes

- Eplucher les côtes et les couper en petits bâtonnets de 2 cm de longueur et de 0,5 cm de côté. Les cuire aussi à l'eau salée et rafraîchir.
- Bien laver les escargots, préparer le bouillon de poule bien corsé.
- Mélanger les blancs de blette avec les escargots, les fines herbes et quelques cuillères d'huile d'olive.
- Chemiser la soupière des feuilles de blette. Chauffer un peu les blettes et les escargots. Les mettre dans la soupière et verser le bouillon de poule bien chaud après avoir rectifié l'assaisonnement.

Cette recette me vient de mon neveu Cyril qui me seconde en cuisine et je dois dire que c'est une excellente recette.

Velouté d'asperges

•S'il vous reste des asperges ou plutôt quand vous coupez les queues, il est dommage de jeter le blanc, qui est un peu dur. Voici la recette d'un velouté qui régalera vos papilles.

•Faire fondre le beurre avec les oignons finement hachés. Ajouter les queues des asperges coupées en petits dés (réserver les pointes si vous en avez).

•Ajouter la farine comme pour faire un roux. Laisser cuire quelques minutes tout en remuant puis verser le fond blanc de volaille comme pour une béchamel. Laisser cuire 1 heure à petite ébullition. Ce ne doit pas être trop épais.

•Passer au chinois fin et rectifier l'assaisonnement avec un peu de muscade et le jus de citron. Ajouter au dernier moment la crème fleurette et faire bouillir.

•Pour l'avoir plus légère, la passer au mixer avant de servir.

Pour 8 à 10 personnes

1 KG D'ASPERGES BIEN ÉPLUCHÉES
1 L DE FOND BLANC DE VOLAILLE
2 GROS OIGNONS
50 CL DE CRÈME FRAÎCHE FLEURETTE FOUETTÉE
100 G DE BEURRE
80 G DE FARINE
LE JUS DE 1 CITRON
SEL, POIVRE, MUSCADE

Crème de céleri

•Emincer très finement les blancs de poireau et les faire suer doucement à l'huile d'olive dans une casserole.

•Détailler ensuite le céleri en petits morceaux, l'ajouter aux poireaux et mouiller avec le demi-litre de fond blanc de veau et autant d'eau.

•Laisser cuire le potage et, pendant ce temps, faire frire au beurre de tout petits croûtons de pain de mie. Ces petits croûtons amèneront du « croquant » dans le velouté.

•Quand le céleri est bien cuit, passer cela comme un potage de légumes, si possible à la moulinette (c'est mieux qu'avec un mixer qui met trop d'air dans les légumes et qui en change le goût).

•Rectifier l'assaisonnement et servir sur les petits croûtons.
Le céleri devrait mettre du tendre dans le cœur des convives !

Pour 6 personnes

1 KG DE BLANCS DE POIREAU
1 KG DE CÉLERI BOULE
50 CL DE FOND BLANC DE VEAU
PAIN DE MIE
BEURRE, HUILE D'OLIVE
SEL, POIVRE

Soupe de queue de bœuf au céleri et aux truffes

•Parer la queue de bœuf et en faire un bouillon. Le cuire comme un pot-au-feu avec la garniture aromatique habituelle, oignon clouté, bouquet garni, poivre noir en grains et légumes du pot égouttés, découpés et mêlés à ceux de la garniture.

•Pendant ce temps, débiter la carotte et le céleri en petits dés. Sauter ces légumes pendant 5 minutes avec de l'huile d'olive. Préchauffer le four (th. 8).

•Dans une soupière, disposer les truffes coupées en dés, les légumes, le bouillon bien corsé et la viande. Recouvrir d'une fine couche de feuilletage.

•Servir quand la pâte feuilletée est cuite. Dès que la pâte sera ôtée, l'arôme puissant de cette soupe se répandra dans la pièce.

Pour 4 personnes

1 BELLE QUEUE DE BŒUF
300 G DE TRUFFES
1 CAROTTE
100 G DE CÉLERI BRANCHE BIEN BLANC
DE LA PÂTE FEUILLETÉE
SEL, POIVRE
1 GARNITURE À POT-AU-FEU

Les Entrées

TARTARE DE TOMATES AUX HERBES ET ÉCHALOTE CRUE

Pour 6 personnes

10 BELLES TOMATES
1 ÉCHALOTE
1 BOUQUET DE BASILIC
HUILE D'OLIVE DE MAUSSANE
SEL, POIVRE (PM)

- Monder les tomates, les mettre en lames et concasser le cœur.
- Les mettre sous presse le plus longtemps possible.
- Les réhydrater avec l'huile d'olive.

**Tartare de tomates aux herbes
et échalote crue**

- Assaisonner avec le sel, le poivre et adjoindre le basilic haché et l'échalote ciselée.
- Mettre dans des moules ronds pour la présentation et arroser d'huile d'olive au moment de servir.

Pour 6 à 8 personnes

250 G DE POIS CHICHES CUITS AU NATUREL
2 À 3 GOUSSES D'AIL ÉCRASÉES
LE JUS DE 2 CITRONS
1 CUILLÈRE À SOUPE D'HUILE D'OLIVE
1 PINCÉE DE PAPRIKA
SEL
PIMENT SELON LE GOÛT
1 CUILLÈRE À SOUPE DE PERSIL HACHÉ
BOUILLON DE VOLAILLE

LA POICHICHADE

- Passer les pois chiches au moulin à légumes puis mixer cette purée en y ajoutant le jus de citron, l'ail écrasé, l'assaisonnement et le bouillon de volaille afin d'obtenir une purée pas trop épaisse.
- Réchauffer à feu doux.

• Servir dans un grand bol, saupoudrer de paprika et de persil haché.

• Arroser d'huile d'olive et de grains de sésame grillés.

Ce plat est un amuse-bouche pour l'apéritif et il se mange avec des tranches de pain grillées et un bon vin blanc.

PETITES TOMATES FARCIES AUX SENTEURS D'ESTRAGON

Pour 6 personnes

18 PETITES TOMATES BIEN RONDES
2 KG DE MARMANDES
10 FEUILLES D'ESTRAGON
25 CL DE JUS DE BŒUF
2 GOUSSES D'AIL
1 OIGNON
HUILE D'OLIVE

• Monder les petites tomates et les vider de leurs graines. Les mettre à l'envers pour les faire égoutter.

• Faire une concassée des 2 kg de marmandes (monder, épépiner, couper en concassée).

• Faire suer l'oignon et l'ail avec de l'huile d'olive ainsi que la concassée de tomates.

• Faire réduire à sec.

• Ajouter les feuilles d'estragon hachées et farcir les tomates.

• Faire cuire 10 minutes à four chaud avec le jus de bœuf et les servir telles quelles.

Très parfumées, elles accompagneront vos viandes rouges ou poissons bleus tels que maquereaux ou sardines. Seules, elles se mangent chaudes ou froides.

**Petites tomates farcies
aux senteurs d'estragon**

**Anchois marinés
au citron et herbes fines**

ANCHOIS MARINÉS AU CITRON ET HERBES FINES

•Quand les anchois sont de première fraîcheur, les mettre en filets et les disposer dans un plat, bien rangés. Saler, poivrer, mettre un jus de citron.

•Laisser avec le citron quelques minutes puis arroser d'une bonne huile d'olive.

•Ajouter du persil, du cerfeuil et de la ciboulette hachée.

Je ne donne pas de proportions pour cette recette car on peut en faire autant
qu'on peut en manger ; avec quelques tranches de pain de campagne grillées,
même un peu chaudes. C'est un apéritif superbe.

On peut accommoder de la même façon des sardines.

Tarte à la sardine et tomates confites

La sardine

La sardine, ah ! quel beau poisson. Il serait de l'ère secondaire, il y a 400 millions d'années. Et si nos grands maîtres de la cuisine n'y ont jamais consacré quelques chapitres, nous, Provençaux, nous le regrettons. Certains ont quand même dit que c'était un mets délicat.

Bien sûr, tout le monde connaît l'histoire de la sardine qui a bouché le port de Marseille. Le bateau bien évidemment, pas le poisson !

TARTE À LA SARDINE ET TOMATES CONFITES

•Mouler le feuilletage dans le cercle à tarte. Le faire cuire à blanc avec des haricots pour qu'il ne monte pas trop. Le faire cuire complètement, il faut qu'il soit bien doré.

•Pendant ce temps, faire des filets avec les sardines. Bien les égoutter sur un linge.

•Quand le fond de tarte est cuit, le laisser un peu refroidir et disposer les tomates confites sur la pâte cuite. Ranger en rosace les sardines en mettant la queue en haut.

•Saler, poivrer, saupoudrer de fleur de thym, arroser d'huile d'olive et cuire à four chaud (170 à 180 °C) pendant 10 minutes.

Pour 6 personnes

1 MOULE ROND DE 30 CM DE DIAMÈTRE
300 G DE TOMATES CONFITES MAISON
500 G DE SARDINES DE PREMIÈRE FRAÎCHEUR
FLEUR DE THYM
HUILE D'OLIVE, SEL, POIVRE
300 G DE PÂTE FEUILLETÉE

Tomates confites

•Choisir de préférence des tomates romas. Il faut qu'elles soient bien rouges, mûres mais pas trop. Les couper en deux, ôter les pépins et les disposer sur une plaque à four sans les serrer.

•Saler, poivrer, éparpiller une petite pincée de sucre, parfumer de fleur de thym et relever de quelques gousses d'ail éclatées.

•Arroser d'huile d'olive et enfourner pendant 4 heures à 100 °C.

•Réserver au frais pendant quelques jours.

•La tarte peut être servie bien chaude, avec un verre de Laudun blanc de la cave des Quatre-Chemins. C'est un grand plaisir. Mais ne craignez pas d'être généreux car, s'il en reste, mangée froide, c'est aussi délicat.

•Les sardines sont également excellentes grillées, avec une sauce moutarde. Il est recommandé de pratiquer cette recette en extérieur car il est sûr que l'odeur des sardines grillées n'est pas très agréable dans une maison.

•Ici, les pêcheurs les grillent sans les vider, seulement rincées sous un filet d'eau. Elles sont débarrassées de leurs écailles et comme ils ne mangent que le dos, les entrailles laissent un parfum et un goût très agréables.

MAQUEREAUX AU VIN BLANC

Pour 10 personnes

10 PIÈCES DE MAQUEREAU
2 CAROTTES
2 OIGNONS
3 ÉCHALOTES
2 GOUSSES D'AIL
1 BOUQUET GARNI (THYM, LAURIER, QUEUE
DE PERSIL ET UNE BRANCHE DE CÉLERI)
1 L DE BON VIN BLANC SEC
SEL, POIVRE ET HUILE D'OLIVE
VINAIGRE BALSAMIQUE

Le maquereau est un poisson bleu excellent mais il faut qu'il soit d'une fraîcheur irréprochable, l'œil bien brillant et la chair ferme. On ne se fixe pas aux ouïes car pour ce poisson elles sont souvent rouges et ce n'est pas chez lui un critère de fraîcheur.

• Hacher finement tous les légumes et les faire suer 10 minutes à l'huile d'olive. Mouiller avec le vin blanc, ajouter le bouquet garni et laisser cuire 20 minutes à feu doux.

• Pendant ce temps, faire des filets des maquereaux en enlevant bien toutes les arêtes. Les plaquer sur un plat de service, saler, poivrer et arroser généreusement d'huile d'olive.

Maquereaux au vin blanc

• Quand tout est prêt, verser la matignon (c'est-à-dire les légumes cuits et le vin blanc) bien bouillante sur les maquereaux. Refaire bouillir le tout quelques secondes et débarrasser.

• Cette préparation se mange tiède ou froide. Ajouter quelques gouttes de vinaigre balsamique. C'est une excellente entrée peu chère pour les grandes familles.

• Accompagner d'un bon vin blanc.

BRANDADE DE MORUE AUX CROÛTONS AILLÉS

Ingrédients

1 KG DE MORUE SALÉE
1 KG DE CABILLAUD
1 L DE LAIT
1 L D'HUILE D'OLIVE
1 TÊTE D'AIL
1 PAIN BAGUETTE
150 G DE TRUFFES

• Dessaler la morue la veille. La faire pocher avec le cabillaud frais dans le lait puis la monter à l'huile d'olive. Egoutter.

• A l'aide d'une spatule, remuer vivement sur le bord du feu et incorporer l'huile d'olive jusqu'à obtention d'une pâte bien homogène.

• Au dernier moment, incorporer l'ail écrasé en purée et les truffes en julienne. Rectifier l'assaisonnement (attention au sel).

• La tartiner sur des tranches de pain baguette grillées.

La brandade de morue est une des plus grandes spécialités nîmoises. Pour la petite histoire, autrefois les Nîmois troquaient le sel avec les marins. De plus, ils faisaient dessaler la morue dans les réservoirs de chasse d'eau.

Brandade de morue aux croûtons aillés

TERRINE DE LAPIN AU VIN BLANC DES PAPES

Pour 10 personnes

1 LAPIN DE CLAPIER
2 CAROTTES
5 ÉCHALOTES
1 OIGNON
3 GOUSSES D'AIL
2 ZESTES D'ORANGE
1 ZESTE DE CITRON
1,5 L DE VIN BLANC DE CHÂTEAUNEUF-DU-PAPE
SEL, POIVRE
20 G DE PERSIL PLAT HACHÉ
20 G DE CIBOULETTE HACHÉE
10 G D'ESTRAGON
THYM, LAURIER

Voilà une recette peu compliquée et qui ne prend pas beaucoup de temps. Elle peut rester dans votre garde-manger pour une entrée à l'improviste très fraîche.

- Désosser le lapin et le couper en gros cubes.
- Hacher grossièrement les carottes, l'échalote, l'oignon, l'ail.
- Faire de tout petits dés des zestes d'orange et de citron.
- Mélanger le tout et mouiller avec le Châteauneuf-du-Pape. Laisser mariner 24 heures.
- Avec les os, faire un petit jus court. Faire revenir les os dans une casserole de bonne dimension. Une fois bien suées, mouiller juste à hauteur avec de l'eau, un peu de thym et de laurier. Laisser cuire doucement, presque à sec.
- Le lendemain, ajouter au lapin mariné les fines herbes et le fond bien réduit.
- Assaisonner à 14 g de sel par kilo et 3 g de poivre. Disposer le mélange dans une terrine et faire cuire 3 heures à four moyen (140 à 160 °C).
- Une fois cuit, laisser refroidir et ne commencer à consommer que le lendemain.

Vous avez là un lapin en gelée très parfumé.

Il est très agréable à manger avec quelques cornichons et petits oignons au vinaigre. C'est aussi très bon avec quelques feuilles de salade ou des poivrons marinés à l'huile d'olive.

Les caillettes

Pour 10 personnes

400 G D'ÉPINARDS CUITS
400 G DE VERT DE BLETTES CUITES
50 G D'OSEILLE CUITE
100 G D'OIGNONS FINEMENT HACHÉS ET CUITS
3 GOUSSES D'AIL ÉCRASÉES
100 G DE LARD GRAS HACHÉ FINEMENT
200 G DE CRÉPINE DE PORC BIEN RINCÉE
THYM, LAURIER, SAUGE
1 L DE FOND BLANC OU BOUILLON DE POULE

CAILLETTES D'HERBES

- Mélanger tous les ingrédients dans un plat de bonne dimension. Bien assaisonner de sel et poivre.
- Faire des boules dans la crépine d'environ 110 g. Les disposer dans un plat allant au four. Mouiller à mi-hauteur avec le fond blanc.
- Parsemer au-dessus le thym, le laurier et la sauge et cuire 2 heures à feu doux (130 à 140 °C).

Terrine de lapin au vin blanc des Papes

Caillettes de gibier

CAILLETTES DE GIBIER

Pour 10 personnes

500 g DE GIBIER
(LES BAS MORCEAUX CONVIENNENT BIEN)
200 g D'ÉPINARDS CUITS
50 g D'OSEILLE CUITE
100 g D'OIGNONS FINEMENT HACHÉS ET CUITS
150 À 200 g DE CRÉPINE DE PORC
5 GRAINS DE GENIÈVRE
THYM, LAURIER, SAUGE
1 L DE FOND BLANC

- Couper en petits dés et cuire longuement le gibier comme on le ferait pour un civet afin d'obtenir une farce bien sèche.
- Faire une farce avec les épinards, l'oignon, l'ail, le thym, le gibier et les grains de genièvre écrasés.
- Rouler des petites boules de 30 g environ dans la crépine.
- Disposer dans un plat allant au four, mouiller à mi-hauteur avec du fond blanc.
- Mettre les feuilles de sauge et le laurier au-dessus et cuire une bonne heure à feu doux (140 °C).

CAILLETTES D'AGNEAU

- Procéder comme pour la caillette de gibier, en remplaçant le gibier par de l'agneau. Utiliser des morceaux de collier ou panoufs bien braisés.

Les caillettes se mangent chaudes avec le jus qui reste dans le plat légèrement assaisonné d'une vinaigrette ou froides au casse-croûte du matin.

Nos agriculteurs et viticulteurs les emportent souvent pour le déjeuner avec un vin rouge des Côtes-du-Rhône. C'est un déjeuner bien sympathique.

LE FROMAGE DE TÊTE

Le fromage de tête était une tradition quand on tuait le cochon dans nos campagnes. C'était une grande fête à laquelle tous les voisins étaient conviés.

Il fait aussi partie des casse-croûte du matin ou des entrées un peu riches mais très rustiques.

Il a également sa place dans les buffets campagnards et est très apprécié de notre président de la République actuel.

Voici la recette que faisaient mes grands-parents.

**Fromage de tête aux
herbes fines**

FROMAGE DE TÊTE AUX HERBES FINES

Ingrédients

1/2 TÊTE DE PORC AVEC LA LANGUE
1 JARRET
2 PIEDS
3 CAROTTES
2 OIGNONS PIQUÉS DE 5 CLOUS DE GIROFLE
2 BRANCHES DE CÉLERI VERT
1 TÊTE D'AIL COUPÉE EN DEUX
THYM, LAURIER
40 G DE PERSIL
30 G DE CIBOULETTE
15 G D'ESTRAGON

• Faire dégorger la tête, les pieds, le jarret et la langue pendant une demi-journée à l'eau claire. Bien nettoyer la tête et les pieds, couper ou brûler les poils qui pourraient rester.

• Quand tout est bien propre, disposer tous les ingrédients dans une grande marmite. Mouiller avec de l'eau jusqu'à ce qu'elle recouvre le tout. Bien remuer, saler avec du gros sel (14 g de sel pour 1 l) et poivrer (3 g de poivre pour 1 l). Laisser cuire pendant 5 heures tout en écumant régulièrement toutes les impuretés qui montent en surface.

• Une fois passé les 5 heures, laisser refroidir jusqu'à ce que ce soit tiède afin de pouvoir sortir les morceaux. Ôter tous les os et hacher très grossièrement les chairs. Les mettre dans une terrine assez grande pour tout bien mélanger. Rectifier l'assaisonnement et ajouter les fines herbes.

• Disposer le hachis dans plusieurs terrines ou bocaux et ajouter au dernier moment le jus de cuisson. Mélanger pour que le bouillon passe bien partout.

• Mettre les terrines au froid et consommer après deux ou trois jours avec un bon pain de campagne et bon verre de vin rouge comme par exemple un Château La Nerthe de Châteauneuf-du-Pape.

La lisette

La lisette est un jeune maquereau de moins de un an. Il est pêché en surface et est bien moins gras que le maquereau.

PRESSÉ DE LISETTE ET FENOUIL

Pour 10 personnes

2 KG DE LISETTE
2 KG DE FENOUIL
50 CL DE VIN BLANC
2 CAROTTES
2 OIGNONS
4 GOUSSES D'AIL
1 G DE SAFRAN
THYM, LAURIER, HUILE D'OLIVE

• Faire des filets avec les lisettes. Les saler, les poivrer et les disposer dans une plaque à plat. Huiler légèrement.

• Faire bouillir le vin blanc et le jeter sur les filets de poisson. Faire bouillir le tout juste 2 à 3 secondes. Réserver et laisser refroidir.

• Pendant ce temps, couper les fenouils en six. Les faire blanchir généreusement à l'eau salée (4 minutes d'ébullition et toujours 14 g de sel au litre d'eau). Les rafraîchir et les laisser égoutter.

• Hacher les carottes et les oignons finement. Dans une casserole assez grande pour recevoir les fenouils, faire revenir les oignons et les carottes à la limite de la coloration. Chez nous on dit « presque roussi ».

• Ajouter les gousses d'ail hachées et ranger les fenouils au-dessus. Ajouter le safran, un peu de sel et de poivre. Mouiller avec le vin blanc de cuisson de la lisette et compléter avec de l'eau afin que les fenouils soient bien couverts et laisser cuire à feu doux.

• Quand les fenouils sont bien cuits, les débarrasser et les mettre à égoutter.

•Faire réduire le jus restant de moitié. Préparer une terrine et monter une couche de lisette puis une couche de fenouil. Incorporer le jus restant et mettre au froid toute une nuit.

•Le lendemain, couper en tranches avec un couteau électrique et servir frais avec une vinaigrette aux fines herbes.

Cette recette va très bien accompagnée d'un vin blanc des Côtes-du-Rhône (Domaine de la Présidente).

**Pressé de lisette
et fenouil**

Asperges vinaigrette

L'asperge

L'asperge est un légume de printemps par excellence. Elle arrive juste après l'hiver où l'on a mangé beaucoup de gibier et autres cochonnailles. Les anciens disaient qu'avec leur puissant pouvoir diurétique, elles arrivaient pour nous laver le corps.

Blanche, violette ou verte, c'est un légume de grand goût. Les grosses sont plus goûteuses. Mais il faut les manger très fraîches.

•En général, il faut toujours éplucher les asperges, les mettre en bottes ficelées et les cuire dans l'eau fortement salée. Le temps de cuisson varie selon la grosseur.

•Toujours les cuire dans beaucoup d'eau et les rafraîchir à l'eau glacée. Cela arrête la cuisson et pour les vertes, cela fixe la chlorophylle. Ainsi, elles resteront bien vertes.

•Pour les manger, c'est en vinaigrette qu'elles sont meilleures. Très froides, elles perdent beaucoup de goût.

Je vous donne ici une recette de vinaigrette qui va très bien avec les asperges.

VINAIGRETTE

•Mélanger le tout et tremper les asperges dans cette vinaigrette.
C'est un vrai régal !

Ingrédients

1 CUILLÈRE À SOUPE DE VINAIGRE BALSAMIQUE
6 CUILLÈRES À SOUPE D'HUILE D'OLIVE
SEL, POIVRE
15 G DE CIBOULETTE HACHÉE
2 G D'ESTRAGON HACHÉ
5 G DE PERSIL PLAT HACHÉ
10 G DE TOMATES CONFITES

SALADE D'ASPERGES MÉLANGÉES

•Dresser au centre de l'assiette un bouquet de mesclun. Intercaler les asperges blanches et vertes en dôme sur la salade.

•Parsemer de tomates confites et d'olives noires et arroser de vinaigrette.

C'est une entrée très belle et très bonne à manger.

Pour 10 personnes

30 POINTES D'ASPERGES VERTES
30 POINTES D'ASPERGES BLANCHES
20 G D'OLIVES NOIRES HACHÉES
TOMATES CONFITES
VINAIGRETTE AUX AROMATES
UN MESCLUN SUFFISAMMENT COPIEUX POUR TOUS

La cervelle

La cervelle est une entrée que nous faisons souvent en Provence. On peut aussi la faire en plat de résistance si l'on a une petite faim.

CERVELLE D'AGNEAU AUX CÂPRES

Ingrédients

1 à 2 CERVELLES D'AGNEAU
1 FEUILLE DE LAURIER
FARINE
BEURRE
HUILE D'OLIVE
30 G DE CÂPRES

• Il faut une cervelle pour deux en entrée et une cervelle par personne en plat principal.

• Dégorger quelques heures à l'eau claire, bien enlever les parties sanguinolentes s'il en reste. Faire pocher dans de l'eau vinaigrée salée avec une feuille de laurier. Porter à ébullition et laisser refroidir cette eau.

• Egoutter ensuite la cervelle, la couper en quatre, la passer dans la farine et la poêler dans une poêle bien chaude avec moitié beurre et moitié huile d'olive. Faire bien dorer de chaque côté et débarrasser sur le plat de service.

• Se débarrasser du gras qui reste dans la poêle et jeter les câpres légèrement hachées. Ajouter 50 g de beurre et cuire couleur noisette.

• Jeter le tout sur les cervelles, qui se mangent très chaudes, accompagnées de quelques feuilles de salade et d'un vin rouge léger.

CERVELLE EN BEIGNETS

• Préparer la cervelle de la même façon que pour la cervelle aux câpres mais la couper en gros cubes. La tremper dans une pâte à frire et la cuire à grande friture.

• Servie avec un coulis de tomates, c'est pas mal du tout.

Pour la pâte à frire

125 G DE FARINE
1 PINCÉE DE SEL
2 CUILLÈRES D'HUILE D'OLIVE
20 CL D'EAU À PEINE TIÈDE
2 BLANCS D'ŒUFS

La pâte à frire

• Mélanger le tout à la cuillère et laisser reposer 2 heures. Au moment de l'utiliser, ajouter deux blancs d'œufs montés en neige.

Pour 6 à 8 personnes

200 G DE FOIES DE VOLAILLE
6 ŒUFS
1 L DE CRÈME LIQUIDE
SEL, POIVRE, MUSCADE
2 ÉCHALOTES GRISES
1 GOUSSE D'AIL

FLAN DE FOIES DE VOLAILLE

• Blender au mixer tous les ingrédients ensemble. Veiller à ne pas trop chauffer et oxygéner les foies, mixer en plusieurs fois. Assaisonner avec 10 g de sel, 3 g de poivre et un peu de noix de muscade râpée. Passer ensuite au chinois fin. La préparation est liquide.

Cervelle d'agneau aux câpres

• Beurrer légèrement l'intérieur des moules à darioles. Les emplir de la préparation et cuire au bain-marie (th. 6) pendant 2 heures.

• Laisser refroidir et garder trois jours au réfrigérateur ; c'est le temps qu'il faut pour que se mélangent et s'affinent les saveurs.

Mesclun de langue et cervelle d'agneau

BROCHETTE DE CŒURS DE VOLAILLE

- Couper les cœurs en deux par le milieu. Vérifier qu'il n'y ait plus de sang, éliminer les morceaux d'artères ou de veines.
- Détailler les truffes en fine brunoise.
- Mettre à mariner les cœurs avec la brunoise de truffes dans de la bonne huile d'olive pendant 1 heure environ.
- Enfiler ensuite sur de petites brochettes que l'on passera à la poêle et non à la braise.
- Saisir brièvement à feu très vif et tremper aussitôt dans une sauce au porto.

Ingrédients

CŒURS DE VOLAILLE (3 PAR BROCHETTE)
TRUFFES
HUILE D'OLIVE
SAUCE PORTO AUX TRUFFES

MESCLUN DE LANGUE ET CERVELLE D'AGNEAU

Le mesclun est un mélange de jeunes plants de salades de diverses espèces et plantes aromatiques. C'est en éclaircissant les semis que nous produisons le mesclun.

Cette salade peut être presque à elle seule un plat d'été ou une grosse entrée pour la famille.

- Faire cuire les langues à l'eau avec l'oignon, la carotte, le thym, le laurier, le
- sel et le poivre. Compter 1 heure à 1 heure et demie à petit bouillon.
- Pendant ce temps, faire dégorger à l'eau claire la cervelle pour qu'elle soit bien blanche. La pocher à l'eau salée et quelques gouttes de vinaigre (donner juste une ébullition et laisser refroidir la cervelle dans l'eau de cuisson).
- Peler la langue. Cela se fait facilement. En cas de difficulté, c'est qu'elles ne sont pas assez cuites. Bien parer l'arrière-gorge et couper en deux dans le sens de la longueur.
- Egoutter la cervelle et la couper en quatre.
- Préparer une poêle pour les faire chauffer avec un peu de beurre et d'huile d'olive ; fariner les cervelles et les jeter dans la poêle. Bien dorer de chaque côté (la farine donnera un peu de croustillant). Débarrasser sur une plaque et réserver.
- Faire de même avec la langue mais sans la fariner.
- Dresser le mesclun au milieu d'un grand plat et disposer en alternance langue et cervelle autour. Assaisonner avec de la vinaigrette et quelques fines herbes.

C'est une entrée très agréable au printemps, accompagnée d'un rosé de Tavel ou de Lirac.

C'est un vrai bonheur !

Ingrédients

1 LANGUE D'AGNEAU PAR PERSONNE
1 CERVELLE POUR DEUX
1 OIGNON PIQUÉ DE CLOUS DE GIROFLE
1 CAROTTE
1 BRIN DE THYM
1 FEUILLE DE LAURIER
HUILE D'OLIVE, VINAIGRE BALSAMIQUE
BEURRE, FARINE
SEL, POIVRE
FINES HERBES
MESCLUN

Les Poissons

BOUILLABAISSE

Ingrédients

3 KG DE SOUPE ROUGE
1 POIREAU
1 BULBE DE FENOUIL
3 TÊTES D'AIL (COUPÉES EN DEUX)
1 OIGNON
250 G DE TOMATES CONCENTRÉES
2 G DE SAFRAN
THYM, LAURIER

Ingrédients

5 ROUGETS BARBETS MOYENS (200 G PIÈCE)
2 FILETS DE SAINT-PIERRE (500 G PIÈCE),
COUPÉS EN 10 PORTIONS
5 VIVES (100 G PIÈCE)
1 PETIT CONGRE
(TRONÇONNÉ EN DARNES DE 80 G ENVIRON)
5 RASCASSES MOYENNES (200 G PIÈCE)
5 GRONDINS (200 G PIÈCE)

Soupe de poissons

• Faire suer tous les légumes sans coloration. Ajouter les poissons (soupe rouge), le concentré de tomates, le safran. Bien remuer jusqu'à ce que le poisson se désagrège. Mouiller à l'eau juste à hauteur. Faire cuire 3 heures à bouillon modéré. Passer ensuite au chinois (pas trop fin). Rectifier en sel et poivre puis réserver au chaud. Il doit rester au moins 5 l de bouillon.

Poissons

Prendre trois sautoirs évasés. Y disposer dans l'un les grondins et les vives ; dans un autre les rascasses et les rougets ; dans le dernier le congre et le saint-pierre. Arroser les poissons d'huile d'olive et saupoudrer d'un peu de fleur de sel. Mouiller ensuite avec la soupe à peine à hauteur et commencer à cuire les poissons. Une fois cuits, réserver au chaud.

CABILLAUD DEMI-SEL RÔTI

Pour 4 personnes

1 TRONÇON DE CABILLAUD DE 600 G
4 TOMATES
AIL
PERSIL
GROS SEL
HUILE D'OLIVE, VINAIGRE BALSAMIQUE
SEL, POIVRE
FARINE

• Couvrir le tronçon de cabillaud de gros sel et le laisser reposer 1 heure sous un linge.

• Pendant ce temps, couper les tomates en rondelles un peu épaisses. Les saupoudrer de farine et les faire dorer dans une poêle avec un peu d'huile d'olive. Les égoutter au fur et à mesure sur du papier absorbant.

• Hacher l'ail et le persil en persillade. Préchauffer le four.

• Dessaler méticuleusement le cabillaud à l'eau claire, l'égoutter et le sécher avant de le détailler en quatre filets. Disposer les filets dans un plat et arroser d'huile d'olive.

• Les faire rôtir dans le four, peau au-dessus, pendant 8 à 10 minutes à 180 °C.

• Dans un autre plat qui assurera le service, étaler les rondelles de tomate.

• Dès que le poisson est cuit, éteindre le four et mettre les tomates au chaud. Oter la peau des cabillauds et disposer le poisson sur les tomates.

• Récupérer le jus de cuisson des filets, y ajouter quelques gouttes de vinaigre balsamique et la persillade. Accommoder le plat de cette sauce.

Bouillabaisse

Rougets barbets au fenouil

Le rouget de roche, comme disent souvent les pêcheurs de chez nous, « c'est la bécasse de la mer ». Et comme la bécasse, il n'a pas besoin de grand-chose pour être bon, si ce n'est être de première fraîcheur.

Pour 6 personnes

6 PIÈCES DE ROUGETS DE 250 À 300 G CHACUNE
3 FENOUILS
1 OIGNON
1 CAROTTE
2 GOUSSES D'AIL
1 G DE SAFRAN
25 CL DE VIN BLANC
THYM, LAURIER, SEL, POIVRE, HUILE D'OLIVE

•Faire les fenouils braisés au safran (voir recette chapitre Légumes).

•Faire des filets des rougets et les griller côté peau dans une poêle bien chaude. Les tourner juste quelques minutes sur le côté chair.

•Les servir bien chauds avec les fenouils en garniture, le tout arrosé d'une peu de vinaigrette et d'une bonne bouteille de Côtes-du-Rhône blanc.

Filets de rougets aux tomates romas poêlées

Pour 6 personnes

6 ROUGETS BARBETS
6 TOMATES ROMAS BIEN MÛRES MAIS FERMES
3 ÉCHALOTES
1 DOUZAINE D'OLIVES NOIRES
VINAIGRE BALSAMIQUE, HUILE D'OLIVE
QUELQUES BRANCHES D'ANETH

•Préparer les filets de rougets, ôter les arêtes avec une pince à épiler.

•Monder les tomates. Les couper dans le sens de la longueur, ôter les pépins et saler. Les égoutter.

•Pendant ce temps, ciseler les échalotes. Dénoyauter les olives et les couper grossièrement au couteau.

•Préparer une vinaigrette avec huile d'olive, vinaigre balsamique, sel et poivre.

•Passer les tomates au feu dans une poêle avec un peu d'huile d'olive. Ajouter les échalotes. Laisser reposer puis dresser dans le fond des assiettes.

•Poêler les rougets d'abord côté peau puis côté chair mais pas trop. Les disposer sur les tomates.

•Décorer de quelques brins d'aneth vert et des olives noires hachées. Arroser de vinaigrette.

•Détailler le poisson sur des assiettes chaudes, répartir la farce et napper de la purée de légumes.

•Arroser d'un filet d'huile d'olive juste avant de servir.

Filets de rougets aux tomates romas poêlées

Supions farcis aux cèpes

SUPIONS FARCIS AUX CÈPES

Le supion est une petite sèche, remarquable en entrée ou en plat. C'est un peu de travail pour les préparer.

Je vous donne la recette pour les préparer farcis aux cèpes, c'est très goûteux.

Pour 4 à 6 personnes

200 à 300 G DE SUPIONS
500 G DE CÈPES
20 G DE POUDRE DE CÈPES SECS
500 G DE CHAMPIGNONS DE PARIS
3 ÉCHALOTES FINEMENT HACHÉES
2 GOUSSES D'AIL
10 G DE PERSIL FRAIS HACHÉ
HUILE D'OLIVE

•Couper les cèpes en petits cubes et les faire sauter à l'huile salée et poivrée. Les faire égoutter dans une passoire ou un chinois.

•Faire une duxelle avec les champignons de Paris (les hacher finement). Faire revenir les échalotes dans un sautoir avec un peu d'huile d'olive. Quand elles sont bien revenues, y jeter les champignons de Paris et laisser cuire jusqu'à sec. Laisser refroidir et mélanger cèpes, duxelle, poudre de cèpes, ail finement haché et persil.

•La farce est prête après avoir rectifié l'assaisonnement.

•Nettoyer les supions. Tirer sur la tête pour sortir les tripes et les pattes et rincer abondamment à l'eau claire. Les égoutter et les sécher un peu sur une plaque.

•Couper à hauteur des yeux (que l'on jette) les pattes et les hacher grossièrement. Les poêler et les mélanger à la farce.

•Garnir les supions de farce à l'aide d'une poche à pâtisserie et les fermer avec une pique. Les jeter dans une poêle chaude et faire colorer de chaque côté. Finir quelques minutes à four chaud.

Vous pouvez les servir tels quels avec une petite salade et une bonne vinaigrette aux aromates ou avec un coulis de favouilles et quelques copeaux de parmesan.

PAUPIETTES DE FILETS DE SOLE EN CHAUSSON

Pour 4 personnes

4 FILETS DE SOLE
1 CAROTTE
1 ÉCHALOTE
1 BRANCHE DE CÉLERI
1 OIGNON
DE LA PÂTE FEUILLETÉE

•Préparer une brunoise en coupant les légumes en petits dés et la faire légèrement revenir au beurre. Saler et poivrer.

•Préchauffer le four.

•Etaler la pâte feuilletée.

•Aplatir et sécher les filets de sole. Les garnir de la brunoise. Les rouler et les enfermer dans une abaisse de pâte feuilletée en forme de chausson. Souder les bords, piquer le dessus avec une fourchette et dorer à l'aide d'un pinceau trempé dans du jaune d'œuf.

•Enfourner sur une plaque légèrement farinée pour 15 minutes à 180 °C.

Le homard

HOMARD AU BEURRE D'ORANGE ET À LA BADIANE

•Faire bouillir de l'eau salée et vinaigrée dans une grande casserole. Quand elle bout, jeter les homards. Attention, ils doivent être vivants. Se munir d'un couvercle afin qu'ils n'éclaboussent pas. Ne pas les cuire plus de 2 minutes après que l'eau a rebouilli, cela suffira. Les sortir de l'eau et les laisser refroidir tels quels sur une plaque.

•Pendant ce temps, presser les oranges. Passer le jus à travers une fine passoire. Faire réduire à glace afin que le jus ait la consistance d'un sirop pas trop épais et incorporer le beurre comme on le ferait pour un beurre blanc. Ajouter la badiane et réserver.

•Faire des lasagnes avec les courgettes et les carottes. Les faire cuire quelques minutes à l'eau salée. Attention, cela cuit très vite. Les refroidir à l'eau glacée afin que les courgettes restent bien vertes.

•Décortiquer les homards, queues et pinces. Garder les carcasses pour en faire un autre usage (tel que coulis de homard ou sauce américaine). Couper la queue en deux dans le sens de la longueur.

•Faire poêler le tout à l'huile d'olive, un peu roussi pour avoir meilleur goût.

•Dresser les homards sur l'assiette, mettre les légumes au-dessus ou autour et napper avec le beurre d'orange.

Pour 2 personnes

2 HOMARDS DE 600 À 650 G
4 ORANGES
2 G DE BADIANE EN POUDRE
300 G DE BEURRE
2 COURGETTES
1 CAROTTE
8 PETITS OIGNONS GRELOTS

HOMARD GRILLÉ AU BEURRE D'ESTRAGON

•Il est vrai que le homard est excellent grillé. Le couper juste en deux, ôter la tripe centrale et la poche de gravier qu'il y a dans le haut de la tête. Casser les pinces avec un couteau un peu lourd et faire griller en commençant par le côté chair afin que celle-ci cuise en premier et que le homard ne se vide pas. Laisser cuire quelques minutes puis les tourner sur la carapace et finir de cuire doucement. Il ne faut jamais plus de 10 à 15 minutes, selon la grosseur, pour les cuire.

•Faire cuire les échalotes avec le vin blanc et la même quantité d'eau. Quand le liquide est réduit aux deux tiers, mélanger le beurre ramolli petit à petit à l'aide d'un fouet. Quand il est bien lié comme un beurre blanc, ajouter l'estragon.

Vous vous régalerez avec une bonne bouteille de Châteauneuf-du-Pape de La Gardine-Vieilles-Vignes.

Pour le beurre

1 ÉCHALOTE FINEMENT HACHÉE
10 G D'ESTRAGON HACHÉ
1/2 VERRE DE VIN BLANC
200 G DE BEURRE

Homard au beurre d'orange et à la badiane

Le thon

Le thon, on l'a souvent dit, c'est le steak de la mer. Il est vrai que, de par son aspect, on dirait de la viande. On ne parlera ici que du thon rouge.

Il faut se faire faire par son poissonnier de beaux pavés de 3 à 4 cm d'épaisseur pesant 130 à 150 g selon sa faim.

THON GRILLÉ SUR UNE POÊLÉE DE POIVRONS MÉLANGÉS

Pour 6 personnes

6 PAVÉS DE THON
1 POIVRON ROUGE
1 POIVRON JAUNE
1 POIVRON VERT
1 GROS OIGNON FINEMENT HACHÉ
1 GOUSSE D'AIL
VINAIGRE BALSAMIQUE ET HUILE D'OLIVE

• Couper finement en dés les poivrons et les faire blanchir à l'eau salée. Les rafraîchir.

• Faire suer les oignons avec un peu d'huile d'olive, ajouter les poivrons et l'ail écrasé. Faire un peu roussir.

• Faire griller les pavés de thon en faisant attention de ne pas trop les cuire car le thon devient vite sec et les dresser sur la compotée de poivrons.

• Arroser le tout d'une vinaigrette.

Vous vous régalerez avec un bon Tavel de la famille Roudil.

MILLEFEUILLE DE THON AUX AUBERGINES ET TOMATES

Pour 6 personnes

3 AUBERGINES LONGUES
4 TOMATES ROMAS
1 OIGNON FINEMENT HACHÉ
2 GOUSSES D'AIL ÉCRASÉES
THYM, LAURIER, HUILE D'OLIVE, SEL, POIVRE
50 CL DE TOMATES CONCASSÉES BIEN RÉDUITES
10 G D'ESTRAGON

• Couper les aubergines en rondelles et les faire frire.

• Couper les tomates en rondelles un peu épaisses et les poêler. Quand elles sont bien colorées d'un côté, jeter l'ail, l'oignon, la fleur de thym. Saler et poivrer.

• Tourner de l'autre côté et laisser cuire quelques secondes. Réserver sur une plaque à trous ou sur un papier absorbant pour qu'elles s'égouttent.

• Couper le thon en lames un peu plus grosses que les aubergines frites et, dans un moule rond allant au four, monter comme un millefeuille en commençant par les tomates et en finissant par les aubergines.

• Remettre le tout au four à 180 °C et faire chauffer le millefeuille.

• Pour être au top, il faut qu'il soit à 60 °C à cœur. Démouler ce gâteau et le servir avec la tomate concassée bien chaude aromatisée d'estragon.

Thon grillé sur une poêlée de poivrons mélangés

Rascasse aux pommes de terre en gratin

La rascasse

La rascasse est un poisson très goûteux. Je vous conseille de toujours l'acheter en filets car il a une très grosse tête et cela entraîne beaucoup de pertes.

Cependant, vous pouvez toujours faire un bouillon avec la tête et les arêtes qui pourra servir à mouiller un gratin.

RASCASSE AUX POMMES DE TERRE EN GRATIN

•Dans un grand plat à gratin ou sur la plaque du four, faire suer l'oignon presque à coloration.

•Pendant ce temps, couper les pommes de terre très fines (légèrement plus grosses que des chips) et fariner les filets de rascasse. Les poêler rapidement jusqu'à coloration mais très chaud en faisant très attention à ce que ça ne cuise pas. Les disposer sur la plaque.

•Dans un saladier, mélanger tomate, pommes de terre, thym, laurier et gousses d'ail écrasées. Couvrir les rascasses de ce mélange comme on le ferait pour des pommes boulangères. Bien ranger les pommes de terre sur le dessus puis mouiller avec du fumet de poisson jusqu'à hauteur.

•Enfourner à four chaud (180 °C) et laisser cuire ainsi 30 à 40 minutes. Pour contrôler la cuisson, écraser une pomme de terre.

•Servir bien chaud avec un Côtes-du-Rhône blanc sec.

Pour 6 personnes

6 FILETS DE RASCASSE DE 100 À 120 G
6 BELLES POMMES DE TERRE À CHAIR FERME
(120 À 150 G PAR PERSONNE)
100 G D'OLIVES NOIRES DÉNOYAUTÉES
200 G DE DÉS DE TOMATE CRUE
1 OIGNON ÉMINCÉ
5 GOUSSES D'AIL
SEL, POIVRE, HUILE D'OLIVE

RASCASSE POCHÉE ENTIÈRE

•Faire cuire tous les légumes et tous les aromates à l'eau. Passer le bouillon et les refroidir.

•Dans une saumonière pouvant recevoir juste le poisson, mettre la rascasse sur le ventre. La mouiller avec le bouillon juste tiède et porter doucement à ébullition 2 à 3 minutes selon la grosseur.

•Fermer avec le couvercle et laisser presque refroidir jusqu'à 50 minutes. Il doit être cuit et avoir un bon parfum.

•Le servir avec quelques légumes à l'eau, un bon aïoli et une bouteille de rosé de Provence bien fraîche.

Pour 4 personnes

1 RASCASSE DE 2 À 2,5 KG
1 COURT-BOUILLON AVEC :
2 L D'EAU
1 CAROTTE EN RONDELLES
1 OIGNON EN RONDELLES
2 BRANCHES DE CÉLERI BIEN VERTES
1 TÊTE D'AIL
3 ÉTOILES DE BADIANE
SEL, POIVRE
THYM, LAURIER

Le loup

Le loup est sûrement un des poissons les plus prisés dans le Sud. Il peut atteindre 7 à 8 kg, voire même davantage, mais il y a longtemps que je n'en ai pas vu de plus gros. La bonne taille pour se régaler est à mon avis plus de 3 kg lorsqu'on fait une grosse pièce. Mais les loups de petite taille sont aussi très bons et lorsque l'on n'est que deux, 800 g à 1 kg suffisent

TRONÇONS DE LOUP, FINE RATATOUILLE AUX OLIVES NOIRES

Pour 6 personnes

1 GROS LOUP DE 3 À 4 KG
HUILE D'OLIVE
FINE RATATOUILLE
(VOIR RECETTE DANS LE CHAPITRE LÉGUMES)
QUELQUES OLIVES NOIRES

• Faire des filets dans le loup ou demander au poissonnier de le faire car cela est très technique.

• Couper trois belles darnes dans chaque filet. Les plaquer avec un peu d'huile d'olive et les laisser cuire à four chaud (180 °C) pendant 10 à 15 minutes, la peau au-dessus.

• Laisser reposer 10 minutes dans le jus qu'il rend.

• Faire réchauffer de la fine ratatouille additionnée de dés d'olives noires et servir bien chaud.

LOUP AU FOUR SUR TOMATES CONFITES

Pour 6 à 8 personnes

1 LOUP DE 3 KG
2 KG DE TOMATES CONFITES
50 CL DE VIN BLANC
1 L DE FUMET DE POISSON
SEL, POIVRE, HUILE D'OLIVE

• Disposer le loup sur le côté, sur une plaque allant au four. Le saler et le poivrer puis l'inciser d'un grand coup de couteau sur le dos le long de l'arête centrale afin qu'il cuise plus vite et qu'il ne craque pas par le milieu. L'arroser d'un peu d'huile d'olive.

• Mettre le vin blanc au fond de la plaque et enfourner à four à 180 °C. Arroser de temps en temps avec le fumet de poisson. La plaque ne doit être ni sèche ni trop mouillée car le poisson risquerait de bouillir.

• Il faudra le cuire 35 à 40 minutes à cette température puis le sortir et le disposer sur un plat de service.

• Faire réduire le fumet presque à sec et ajouter les tomates confites et un peu d'huile d'olive.

• Servir avec un riz blanc ou des légumes vapeur et un verre de Château La Nerthe blanc. C'est extra.

Tronçons de loup, fine ratatouille aux olives noires

Petits loups

Pour 2 personnes

1 LOUP DE 800 G À 1 KG
200 G DE BEURRE
1 ÉTOILE DE BADIANE
20 G DE BRANCHE DE FENOUIL SAUVAGE
LE JUS DE 1 CITRON
SEL, POIVRE

Je vous conseille de les faire griller 15 à 20 minutes sur le gril ou au four juste avec un peu d'huile d'olive, accompagnés d'un beurre au fenouil, c'est pas mal.

• Couper le fenouil en petits morceaux et écraser grossièrement la badiane. Les disposer dans une casserole avec le jus de citron et la valeur d'un demi-verre d'eau.

• Faire réduire le tout comme pour un beurre blanc puis incorporer le beurre petit à petit.

• Servir sur le loup grillé, cela donnera un super parfum.

• Accompagner avec du fenouil braisé.

Le saint-pierre

C'est un poisson d'une grande finesse, les petites pièces de 600 g à 1 kg peuvent se cuire entières au four avec quelques aromates. Les grosses pièces se feront plutôt en filets. Il y a beaucoup de pertes sur ce poisson, aussi il faudra prévoir 300 g à 400 g par personne.

Saint-pierre en croûte de pomme de terre

Pour 6 personnes

6 FILETS DE SAINT-PIERRE
(VOUS AUREZ PRÉALABLEMENT ÔTÉ LA PEAU)
2 POMMES DE TERRE BINTCH
1 ÉCHALOTE FINEMENT HACHÉE
1 VERRE DE VIN BLANC
300 G DE BEURRE
20 G DE DÉS DE CITRON CONFIT
1 MORCEAU DE GINGEMBRE

• Couper les pommes de terre très fines comme vous le feriez pour des chips.

• Ne surtout pas laver les pommes de terre, car c'est la fécule qui va les coller au poisson

• Râper le gingembre sur le saint-pierre et le frotter (il ne faut pas trop en mettre, juste assez pour le parfumer).

• Disposer les pommes de terre en écailles sur les filets.

• Faire chauffer une poêle avec de l'huile et une noisette de beurre.

• Commencer à faire cuire les filets côté pommes de terre.

• Une fois les pommes de terre bien dorées, retourner les filets délicatement et finir la cuisson tout doucement.

• Pendant ce temps, faire réduire le vin blanc avec les échalotes et incorporer le beurre comme pour un beurre blanc.

• Rectifier l'assaisonnement. Au dernier moment, ajouter les dés de citron confit.

• Dresser les filets de façon à voir les pommes de terre avec le beurre autour.

Saint-pierre en croûte de pomme de terre

Saint-pierre aux artichauts

Saint-Pierre aux artichauts

- Faire suer les échalotes dans un sautoir, puis ajouter les artichauts, l'ail en purée, le thym, la feuille de laurier, les carottes et un peu d'eau.
- Couvrir avec un couvercle et laisser cuire doucement.
- Aux trois quarts de la cuisson, saler et poivrer les filets et les disposer au-dessus de vos artichauts.
- Laisser cuire avec le couvercle 5 à 8 minutes selon l'épaisseur des filets.
- Ainsi cuits, ils prendront tout le goût des artichauts.
- Dresser les filets sur un plat ou dans les assiettes avec les artichauts autour.
- Faire une vinaigrette avec le jus restant.

Ce plat rapide sera de très bon goût servi avec un bon vin blanc des Côtes-du-Rhône.

Pour 6 personnes

6 FILETS DE SAINT-PIERRE DE 150 À 180 G AVEC LA PEAU
12 PIÈCES D'ARTICHAUTS VIOLETS, TOURNÉS ET COUPÉS EN QUATRE
4 ÉCHALOTES COUPÉES EN QUATRE DANS LE SENS DE LA LONGUEUR
1 CAROTTE COUPÉE EN FINES RONDELLES
THYM, LAURIER
3 GOUSSES D'AIL ÉCRASÉES
HUILE D'OLIVE, SEL, POIVRE

Sole aux asperges

La sole est un poisson d'un excellent goût dont on ne se lasse pas et il y a mille et une façons de l'apprêter, entière pour les petites, en filets pour les grosses. Meunières ou pochées, elles sont faciles à travailler et ont très bon goût.

- Cuire les asperges dans l'eau fortement salée et bien rafraîchir à l'eau salée.
- Couper le haut des pointes des asperges légèrement plus grandes que la largeur des filets de sole.
- Enrouler les filets de sole autour des asperges.
- Les disposer dans un sautoir sur les échalotes finement hachées, la pointe verte en haut.
- Mouiller au vin blanc et faire cuire 10 à 15 minutes doucement à couvert.
- Pendant ce temps, couper le reste des asperges en dés.
- Une fois les paupiettes de sole cuites, les sortir et faire réduire le jus de cuisson aux trois quarts.
- Le monter au beurre à l'aide d'un petit fouet.
- Au dernier moment, ajouter les dés d'asperge et les herbes hachées ainsi que le jus de citron.
- Réchauffer le tout et dresser les paupiettes avec le ragoût d'asperges bien chaud autour.

Pour 6 personnes

12 FILETS DE SOLES DE 60 À 80 G CHACUN
36 ASPERGES VERTES, BIEN ÉPLUCHÉES
2 ÉCHALOTES
25 CL DE VIN BLANC SEC
300 G DE BEURRE
20 G DE FINES HERBES (PERSIL, ESTRAGON, CERFEUIL)
LE JUS DE 1 CITRON

GIGOT DE MER PANÉ ET SON AÏOLI

• Parer la lotte à vif, la piquer de quelques gousses d'ail et la paner avec la mie de pain mélangée à la fleur de thym.

• Cuire doucement à l'huile d'olive et au beurre au four à 180 °C en arrosant souvent du jus de cuisson.

• Dans un mortier, piler l'ail et une petite pincée de gros sel. Quand la pommade est onctueuse, ajouter les jaunes d'œufs. Incorporer petit à petit l'huile d'olive. Monter ainsi jusqu'à la quantité désirée.

• Sortir la lotte, la dresser, la sauce aïoli doit être servie à part.

Pour 2 personnes

1 QUEUE DE LOTTE DE 800 G À 1 KG
300 G DE MIE DE PAIN (TYPE CHAPELURE)
20 G DE FLEUR DE THYM
HUILE D'OLIVE
6 GOUSSES D'AIL
2 ŒUFS
100 G DE BEURRE
JUS DE CITRON
GROS SEL

DAURADE ROYALE SUR UN LIT DE TOMATES ET FENOUIL

• Préparer, vider, écailler et rincer la daurade. La poser à plat sur une planche. L'inciser profondément le long de la nageoire dorsale vers l'arête centrale. La cuisson sera plus facile et régulière. Saler l'incision et farcir le ventre de tomates confites.

• Préchauffer le four.

• Parer les bulbes de fenouil, les couper en quatre.

• Les cuire à l'eau légèrement salée et arrêter la cuisson avant son terme (on le cuit d'abord à l'eau car il cuirait mal avec les tomates).

• Couper les tomates en tranches, les disposer sur une plaque à four. Emincer les fenouils sur les tomates et placer la daurade farcie sur ces légumes.

• Mouiller avec le vin blanc, arroser avec de l'huile d'olive, râper la muscade et parfumer de coriandre.

• Saler et poivrer et cuire 20 minutes au four chauffé à 160 °C.

• Sortir le poisson et le réserver. Faire réduire l'accompagnement pour en faire une purée rustique dans laquelle seront compotés le fenouil et la tomate.

Pour 6 personnes

1 DAURADE ROYALE DE 1 À 1,2 KG
150 G DE TOMATES CONFITES
1 KG DE TOMATES CRUES TYPE MARMANDES
25 CL DE BON VIN BLANC
2 BULBES DE FENOUIL
SEL, POIVRE
MUSCADE, CORIANDRE EN GRAINS
HUILE D'OLIVE

Gigot de mer pané et son aïoli

Les Viandes

PERDREAU RÔTI EN CHARTREUSE DE CHOUX

Pour 4 personnes

2 PERDREAUX
1 CHOU FRISÉ
2 OIGNONS ÉMINCÉS
2 CAROTTES ÉMINCÉES
100 G DE PETIT SALÉ COUPÉ EN DÉS
5 GOUSSES D'AIL

• Couper le chou en quatre. Oter les calots du milieu et réserver les feuilles bien vertes. Mettre à braiser les feuilles blanches avec les oignons, les carottes émincés et le petit salé sué. Laisser cuire 2 heures dans un four à 130-150 °C.

• Rôtir les perdreaux avec les gousses d'ail, 5 minutes sur chaque aile et 5 minutes sur le dos. Laisser reposer les perdreaux 10 bonnes minutes, les désosser, réserver les suprêmes dans le jus gras que l'oiseau a rejeté. Les cuisses risquent d'être un peu rosées, aussi les griller un peu.

• Concasser la carcasse et en faire un bon jus en la faisant revenir, mouillée juste à hauteur avec de l'eau. Laisser cuire jusqu'à demi-réduction, passer le jus au chinois fin et réserver.

• Pendant ce temps, faire une chartreuse de choux à l'aide d'un petit cercle de 5 cm de diamètre et de 3 à 4 cm de hauteur. Chemiser les moules de feuilles de choux bien vertes. Braiser et recuire au four 30 minutes à four chaud (150 à 160 °C).

• Dresser au centre de l'assiette ou du plat les suprêmes des perdreaux, les cuisses à côté et le jus bien chaud autour.

• S'accompagne d'un bon Châteauneuf-du-Pape ou d'un Gigondas rouge.

CUISSES DE CANARD GRAS AUX CÈPES

Pour 6 personnes

6 CUISSES DE CANARD
1,5 KG DE CÈPES
1 ÉCHALOTE FINEMENT HACHÉE
PERSIL, 2 GOUSSES D'AIL
50 CL DE FOND BLANC AU BOUILLON DE POULE
150 G DE BEURRE

• Faire revenir les cuisses de canard dans une cocotte.

• Bien colorer de chaque côté. Se débarrasser de la graisse en suspension et ajouter l'échalote et l'ail.

• Une fois bien roussi, mouiller avec le fond blanc et laisser cuire jusqu'à réduction complète.

• Faire sauter les cèpes dans une poêle, les égoutter. Bien mettre de côté le jus qu'ils vont rendre. Les poêler une seconde fois. Les saler et les poivrer. Il faut qu'ils prennent de la couleur.

• Rajouter le jus de cuisson des cèpes aux cuisses de canard dans la cocotte.

• Laisser réduire encore de moitié et incorporer le beurre.

• Ajouter les cèpes au dernier moment et le persil haché.

• Bien faire chauffer le tout et régalez-vous avec un bon verre de Gigondas.

Perdreau rôti en chartreuse de choux

Daube à l'avignonnaise

DAUBE À L'AVIGNONNAISE

• Détailler un gigot désossé en morceaux carrés du poids moyen de 90 g l'un.

• Traverser chaque morceau dans le sens du fil de la viande d'un lardon assaisonné de sel épicé.

- Faire mariner les morceaux pendant 2 heures avec 10 cl d'huile par litre de vin, carottes et oignons émincés, quatre gousses d'ail, thym, laurier et queue de persil.

- Préparer trois oignons hachés mélangés à deux gousses d'ail écrasées. Faire blanchir 250 g de lard de poitrine coupé en dés fins.

- Détailler en carrés de 2 cm de côté 250 g de couennes fraîches, faire blanchir.

- Préparer un bouquet de persil renfermant une écorce d'orange séchée.

- Garnir le fond et les parois d'une terrine avec de minces bardes de lard, ranger dedans les morceaux de gigot en couches alternées avec oignons, lard et couennes et en saupoudrant chaque couche de viande de thym et de laurier en poudre.

- Disposer le bouquet vers le milieu de la terrine en la garnissant, et assaisonner légèrement chaque couche.

- Mouiller avec la marinade passée au chinois, fermer la terrine, maintenir le couvercle avec un cordon de repère afin d'assurer la concentration de vapeur.

- Faire partir sur le fourneau, cuire ensuite pendant 5 heures dans un four à chaleur douce et rigoureusement égale pendant toute la cuisson.

- Au moment de servir, découvrir la terrine, retirer les bardes, dégraisser et enlever le bouquet.

- La daube se sert telle quelle, dans la terrine.

C'est une recette un peu longue que les anciens faisaient dans la cheminée, mais avec un peu de temps et beaucoup d'amour pour les plats en sauce, cette recette est un vrai plaisir.

MAGRET DE CANARD AUX GRIOTTES

- Faire revenir les carcasses pour qu'elles soient bien colorées, ajouter la garniture : oignons, carotte, ail et céleri.

- Couvrir d'eau et laisser cuire doucement pendant 2 heures en retirant toutes les impuretés qui remontent à la surface.

- Ensuite, passer le fond au chinois fin et faire réduire jusqu'à l'obtention d'un demi-litre de sauce de couleur ambrée et un peu épaisse. La mettre de côté.

- Pendant ce temps, dégraisser un peu les magrets et les faire cuire dans un sautoir en commençant par le côté du gras. Il faut qu'ils soient saignants.

- Laisser reposer.

- Dégraisser et déglacer au vinaigre, ajouter les griottes et le fond de canard.

- Donner une ébullition.

- Servir les magrets émincés en gros morceaux recouverts de sauce bien chaude avec un bon verre de Saint-Estève des Côtes-du-Rhône.

Pour 4 personnes

4 MAGRETS DE CANARD DE 300 À 400 G
200 G DE GRIOTTES CONGELÉES OU EN CONSERVE AU NATUREL
50 CL DE FOND DE CANARD
1 VERRE DE VINAIGRE BALSAMIQUE

Pour le fond de canard

3 KG DE CARCASSE DE CANARD BIEN CONCASSÉE
2 OIGNONS COUPÉS EN GROS DÉS
1 CAROTTE COUPÉE EN GROS DÉS
1 BRANCHE DE CÉLERI ÉMINCÉE
2 GOUSSES D'AIL ÉCRASÉES

JOUE DE BŒUF

Pour 6 personnes

1,2 KG DE JOUE DE BŒUF
100 G DE CAROTTES
100 G D'OIGNONS
200 G D'ÉCHALOTES
150 G D'OIGNONS GRELOTS
150 G DE CHAMPIGNONS DE PARIS
BOUQUET GARNI
150 G D'AIL
1 L DE CHÂTEAUNEUF-DU-PAPE
FARINE

• Faire dénerver et dégraisser les joues de bœuf puis les saisir à la poêle. Réserver.

• Faire revenir les carottes coupées en bâtonnets, les oignons émincés, les échalotes et les têtes d'ail coupées en deux. Ajouter les joues de bœuf puis saupoudrer de farine.

• Mouiller avec le Châteauneuf-du-Pape et compléter avec de l'eau jusqu'à hauteur, ajouter le bouquet garni puis enfourner 4 heures à 150 °C.

• Enlever les morceaux de viande après cuisson, passer la sauce puis réduire à consistance un peu épaisse.

• Ajouter les petits oignons préalablement cuits à brun, ainsi que les champignons de Paris poêlés.

• Verser bien chaud sur la viande.

Ce plat peut s'accompagner d'une pomme-purée ménagère ou de pâtes car la sauce est très corsée. C'est excellent avec un Châteauneuf-du-Pape.

RÂBLE DE LIÈVRE SAUCE CIVET

Ingrédients

1 RÂBLE DE LIÈVRE POUR 2 PERSONNES
25 CL DE SAUCE CIVET
4 GOUSSES D'AIL
THYM, HUILE, VINAIGRE BALSAMIQUE
6 POMMES DE TERRE RATTES CUITES À L'EAU POUR LA GARNITURE
LAURIER

Pour la sauce civet

1 KG DE PARURE DE GIBIER QUE VOUS AUREZ PRÉALABLEMENT DEMANDÉE À VOTRE BOUCHER
2 GROS OIGNONS
1 BRANCHE DE CÉLERI
3 GOUSSES D'AIL
1 CAROTTE
THYM, LAURIER
2 L DE CÔTES-DU-RHÔNE CÉPAGE SYRAH OU AUTRE VIN BIEN CORSÉ
2 CLOUS DE GIROFLE, 5 GRAINS DE GENIÈVRE, 80 G DE FARINE

• Faire revenir les parures de gibier pour qu'elles soient bien colorées.

• Faire colorer les oignons et les carottes.

• Mélanger avec les parures, le thym, le laurier, la branche de céleri et l'ail.

• Y jeter aussi les aromates : les clous de girofle, le genièvre et ajouter la farine.

• Laisser cuire quelques minutes et mouiller avec le vin.

• Faire mijoter 4 heures à feu doux.

• Passer et faire réduire la sauce de moitié. Vous devez obtenir une sauce bien noire et onctueuse.

• Dénerver le râble de lièvre. Le faire rôtir dans un sautoir. Laisser colorer de chaque côté. Ajouter l'ail, le thym et le laurier.

• Finir la cuisson au four très chaud 180 à 200 °C. Dix à quinze minutes suffiront. Il faut qu'il soit rosé.

• Le sortir et le laisser reposer.

• Dégraisser le sautoir, jeter un demi-verre de vinaigre balsamique. Le faire réduire et l'ajouter au quart de litre de sauce civet. Le laisser cuire 5 à 6 minutes très doucement. Passer le tout au chinois fin en écrasant bien les gousses d'ail.

• Rectifier l'assaisonnement. Réchauffer le râble, le désosser. Servir en morceaux recouverts de sauce, accompagnés des pommes vapeur. Ce plat accordé avec un bon Gigondas sera un vrai régal.

Joue de bœuf

Gâteau d'agneau aux aubergines

Gâteau d'agneau aux aubergines

- Faire un sauté d'agneau avec la viande des colliers, marquer un jus avec les os.
- Faire en même temps revenir les morceaux et y ajouter les oignons, l'ail, thym et laurier.
- Tailler en dés les courgettes et les tomates. Faire cuire à feu doux 2 heures avec le vin blanc.
- Faire de fines lames d'aubergine (dans le sens de la longueur), les faire frire à l'huile d'olive puis chemiser dans de petits moules ronds (pour servir individuellement) ou dans un plat à gratin pour toute la famille.
- Mettre le ragoût au milieu, couvrir du reste des lames d'aubergine.
- Finir de compoter au feu doux 30 minutes.
- Servir avec le jus d'agneau, lier avec quelques gousses d'ail.

Pour 8 personnes

1,2 KG DE COLLIER D'AGNEAU DÉSOSSÉ
(RÉSERVER LES OS POUR LE JUS)
8 BELLES TOMATES BIEN MÛRES
6 BELLES AUBERGINES BIEN MÛRES
2 COURGETTES
1 TÊTE D'AIL
2 GROS OIGNONS
1 VERRE DE VIN BLANC SEC
THYM, LAURIER
HUILE D'OLIVE, SEL, POIVRE (PM)

Suprême de pintade farci au foie gras

- Mettre bien à plat les suprêmes. Il faut leur ôter le petit nerf qui se trouve dans le filet.
- Couper les ailerons afin qu'il n'y ait plus d'os (les réserver pour la sauce).
- Aplatir les suprêmes pour en faire des escalopes mais pas trop fines. Les assaisonner de sel et poivre.
- Couper le foie gras en quatre morceaux égaux de 50 g. Le travailler un peu pour en faire un boudin. Rouler l'escalope autour du foie gras et bien serrer dans du papier film.
- Pocher tel quel 30 à 40 minutes selon la grosseur dans le fond blanc. Attention, il ne faut pas que ça bouille.
- Pendant ce temps, marquer la sauce avec les ailerons. Faire revenir les ailerons et toutes les parures dans une casserole de bonne dimension. Quand ils sont bien roussis, ajouter les oignons, l'ail et les carottes coupés en petits dés et laisser jusqu'à coloration. Bien prendre soin à ne pas brûler les sucs.
- Dégraisser et déglacer avec le verre de porto. Faire réduire puis mouiller à hauteur des os avec du fond blanc. Laisser cuire 30 minutes en enlevant toutes les impuretés qui remontent. Passer cette sauce et faire réduire doucement encore de moitié.
- Les suprêmes sont maintenant cuits. Les débarrasser du papier film et les mettre dans un plat de bonne taille.
- Au dernier moment, rectifier la sauce et ajouter doucement 100 g de beurre. Verser la sauce sur les suprêmes.

Ce plat peut s'accompagner de ris ou d'épeautre juste cuit à l'eau.

Pour 4 personnes

4 SUPRÊMES DE PINTADE DE LA DRÔME
200 G DE FOIE GRAS
SEL, POIVRE
1 VERRE DE PORTO
1 L DE FOND BLANC OU DE BOUILLON DE POULE
1 OIGNON
3 GOUSSES D'AIL
1 CAROTTE
100 G DE BEURRE

PALETTE DE PORC AUX LENTILLES

Voilà une recette pour un grand repas de famille ou avec quelques amis. Vous pourrez la confectionner bien à l'avance. C'est un plat rustique qui amène la joie et la convivialité.

Pour 6 à 8 personnes

1 PALETTE DEMI-SEL
500 G DE LENTILLES VERTES
1 CAROTTE
1 OIGNON PIQUÉ DE 3 CLOUS DE GIROFLE
3 GOUSSES D'AIL
1 BOUQUET GARNI (THYM, LAURIER,
BRANCHE DE CÉLERI)
HUILE D'OLIVE ET QUELQUES GOUTTES DE VINAIGRE

• Faire un peu dessaler la palette à l'eau claire 2 ou 3 heures. La mettre dans une casserole de bonne grandeur avec l'ail, les carottes, le bouquet garni et l'oignon. Mouiller à l'eau claire jusqu'à hauteur et faire cuire tel quel 2 heures à feu doux en gardant quand même une petite ébullition.

• Mettre les lentilles dans une autre casserole et les cuire avec le bouillon de cuisson de la palette. Ne pas les faire trop cuire, 15 à 20 minutes, qu'elles soient un peu craquantes. Une fois cuites, les égoutter. Le jus de cuisson peut faire un bouillon clair de lentilles qui aura un très bon goût.

• Ajouter quelques gouttes de vinaigre et une bonne rasade d'huile d'olive.

• Désosser la palette (cela doit se faire très facilement) et servir bien chaud avec un peu de moutarde. C'est excellent.

FRICASSÉE DE VOLAILLE AU VINAIGRE DE XÉRÈS

La volaille en fricassée est un plat assez rapide à faire. Avec du vinaigre de Xérès, ce sera un peu plus acide qu'avec du balsamique. Selon votre goût, si vous aimez un peu plus doux, vous pouvez le faire avec du balsamique en gardant les mêmes proportions.

Pour 4 à 6 personnes

1 VOLAILLE DE 1,8 À 2 KG
5 POIREAUX
1 L DE CRÈME ÉPAISSE
25 CL DE VINAIGRE DE XÉRÈS
2 ÉCHALOTES
50 G DE BEURRE

• Couper la volaille en huit. Dans un sautoir de bonne grandeur, faire colorer les morceaux avec le beurre bien chaud, en faisant attention de ne pas le faire brûler. Une fois les morceaux bien colorés, se débarrasser du beurre qui risque d'être un peu noir. Jeter les échalotes finement hachées et les faire suer quelques instants.

• Remettre les morceaux de volaille et ajouter le vinaigre. Le laisser réduire de moitié puis ajouter la crème et cuire doucement à petite ébullition 10 minutes. Sortir les morceaux blancs et laisser cuire les cuisses encore 10 minutes.

• Pendant ce temps, couper les poireaux en cylindres de 10 cm de hauteur et les cuire à l'eau salée. Les rafraîchir à l'eau bien glacée dès qu'ils sont cuits.

• Les dresser sur un plat de service. Dresser les morceaux de volaille au-dessus.

• Faire réduire un peu la sauce et la passer au mixer pour la lier. La verser chaude au-dessus de la volaille.

Vous pouvez passer à table avec un bon vin.

Palette de porc aux lentilles

CIVET DE LIÈVRE

Les meilleurs lièvres pour la cuisine sont les lièvres de l'année appelés les « trois quarts ». Ils pèsent 2,5 à 3 kg. Mais pour le civet, le « capucin » (lièvre de plus de un an et qui pèse 4 à 5 kg) convient très bien et peut être plus avantageux.

Civet de lièvre

- Couper le lièvre en morceaux un peu gros, réserver le foie après lui avoir ôté le fiel, garder le sang qui pourra rester à l'intérieur.
- Mettre les morceaux à mariner avec les oignons, les carottes, le céleri coupé en cubes, l'ail, les clous de girofle, le genièvre, le thym et le laurier. Ajouter le vin jusqu'à hauteur et toute la garniture. Laisser mariner une journée au froid.
- Le lendemain, égoutter les morceaux de la marinade que l'on conserve, bien sûr.
- Préparer une casserole de bonne dimension dans laquelle on fera revenir les légumes à l'huile d'olive et, dans une poêle, faire colorer les morceaux de lièvre. Les disposer dans la casserole avec les légumes. Ajouter la farine, remuer bien le tout, mouiller avec le vin de la marinade, saler, poivrer et laisser cuire 2 heures à four doux.
- Pendant ce temps, hacher finement le foie et le mélanger avec le sang restant.
- Après cuisson, sortir les morceaux, goûter la sauce et rectifier l'assaisonnement. Si la sauce est un peu acide, refaire cuire quelques minutes.
- Préparer également une garniture avec : 150 g de petits oignons grelots cuits légèrement et colorés ; 150 g de petit salé coupé en petits cubes, blanchis et sautés pour qu'ils soient bien croustillants ; 200 g de champignons de Paris coupés en quatre, de grosseur équivalente aux petits oignons.
- Ajouter cette garniture appelée « grand-mère » sur les morceaux de lièvre.
- Au dernier moment, ajouter le foie et le sang à la sauce, cela doit la lier, donner une belle couleur noire. La passer sur les morceaux et chauffer doucement le tout.
- Attention, il ne faut pas que cela bouille car le sang formerait des petits grumeaux et ce serait beaucoup moins bon.
- Accompagner cette merveille avec des pommes de terre cuites à la vapeur ou des pâtes fraîches.

Pour 6 à 8 personnes

1 LIÈVRE
1 L DE BON VIN ROUGE
(GIGONDAS OU CHÂTEAUNEUF-DU-PAPE)
2 CAROTTES
2 OIGNONS
6 GOUSSES D'AIL
1 BRANCHE DE CÉLERI
3 CLOUS DE GIROFLE
6 GRAINES DE GENIÈVRE
3 CUILLÈRES DE FARINE
THYM, LAURIER
HUILE D'OLIVE

RÂBLE DE LAPIN FARCI DE SON FOIE

- Désosser le râble de lapin en commençant par les filets. Sortir l'os sans détacher les chairs du dos.
- Couper le foie en gros dés, le saler, le poivrer et le saupoudrer de fleur de thym.
- Mettre la farce obtenue au centre du râble et l'envelopper de crépine et ficeler comme pour un rôti.
- Faire rôtir 20 à 25 minutes dans le four très chaud, avec une tête d'ail.
- Ajouter les 200 g de tomates confites en fin de cuisson. Laisser reposer.
- Déglacer le sautoir avec un peu d'eau ou du fond blanc. Laisser réduire pour obtenir un jus clair et un peu « grassouillet ».

S'accompagne d'un bon vin rouge de Gigondas.

Pour 2 personnes

1 RÂBLE DE LAPIN
LE FOIE
1 TÊTE D'AIL
200 G DE TOMATES CONFITES
SEL, POIVRE, FLEUR DE THYM
CRÉPINE
FOND BLANC

RAGOÛT D'AGNEAU AUX LÉGUMES DE PRINTEMPS

Pour 6 personnes

1,5 KG D'ÉPAULE OU DE COLLIER D'AGNEAU COUPÉ
EN GROS DÉS AVEC LES OS
2 GROS OIGNONS FINEMENT HACHÉS
1 KG DE TOMATES BIEN MÛRES COUPÉES EN HUIT
4 GOUSSES D'AIL
THYM, LAURIER
50 CL DE VIN BLANC

Pour la garniture

200 G DE JEUNES CAROTTES FORTEMENT BLANCHIES
200 G DE JEUNES NAVETS FORTEMENT BLANCHIS
200 G DE PETITS OIGNONS CUITS AU BEURRE
ET UN PEU COLORÉS
100 G DE PETITS POIS CUITS À L'EAU FORTEMENT SALÉE
150 G DE POIS GOURMANDS CUITS À L'EAU SALÉE
MAIS JUSTE CRAQUANTS

Pour faire les sautés ou les ragoûts, je vous conseille d'utiliser les épaules ou encore du collier d'agneau. Ce sont d'excellents morceaux à faire braiser.

• Préparer le ragoût en faisant sauter les morceaux dans une poêle. Bien colorer les morceaux. Les mettre dans une cocotte de bonne dimension pour recevoir le tout.

• Ajouter l'oignon, le faire également bien roussir, puis ajouter les tomates et le vin blanc, les gousses d'ail écrasées, le thym et le laurier.

• Laisser cuire pendant 1 heure et demie à 2 heures suivant la grosseur des morceaux. Si vous trouvez qu'il manque du liquide, ne pas hésiter à rajouter de l'eau.

• Rectifier l'assaisonnement.

• Après la cuisson, sortir les morceaux, les disposer dans le plat de service.

• Passer la sauce au chinois. Faire réchauffer tous les légumes de la garniture et les disposer sur la viande. Recouvrir de sauce bien chaude.

• Servir bien chaud, c'est un plat de printemps très agréable.

CARRÉ DE PORC AU CHORIZO

Pour 8 personnes

1 CARRÉ DE 6 CÔTES
200 G DE RONDELLES DE CHORIZO FORT
1 OIGNON
1 CAROTTE
6 GOUSSES D'AIL
THYM, LAURIER, BRIN DE SAUGE

• Faire préparer le carré de porc par le boucher, c'est plus simple. Lui demander de bien ôter les os de dessous et bien faire les manches avec les os.

• Le mettre à rôtir dans une plaque un peu creuse allant au four. Faire revenir les oignons un peu roussis, ajouter les carottes, l'ail puis mettre le carré et le mouiller à mi-hauteur avec de l'eau. Ajouter le thym, le laurier et la sauge. Saler et poivrer un peu au-dessus et enfourner à four chaud (200 à 210 °C). Laisser cuire 45 minutes à 1 heure selon la grosseur en le tournant de temps à autre. Le fait de mettre beaucoup d'eau le rendra bien moins sec et si le four est moins chaud, il colorera quand même.

• Pendant ce temps, disposer les rondelles de chorizo sur deux plaques allant au four et les faire griller à four chaud. Elles devront être bien croustillantes et avoir perdu tout leur gras.

Pour accompagner ce carré de porc, voici la recette de la pomme-purée aux olives.

• Choisir des pommes de terre rosevalt ou belle-de-fontenay à raison de 150 g de pommes de terre par personne. Les éplucher, les couper en gros cubes et les mettre à cuire. Mouiller avec de l'eau légèrement salée, juste à hauteur. Mouiller après jusqu'à mi-hauteur avec de la crème fleurette et laisser cuire

Carré de porc au chorizo

encore de moitié. Les pommes de terre doivent être bien cuites et déjà presque en purée. Finir de les écraser avec une fourchette et ajouter 20 à 30 g d'olives noires hachées.

•Le carré de porc étant cuit, trancher de belles côtes, parsemer de rondelles de chorizo qui apporteront un peu de goût de piment et servir la purée à part.

CUL DE LAPIN AUX AROMATES

• Faire chauffer le four à haute température (200 à 210 °C).

• Mettre le cul de lapin dans un plat assez grand pour recevoir le lapin et tous les aromates. L'enfourner avec le lapin généreusement arrosé d'huile d'olive et faire bien colorer de tous les côtés.

Cul de lapin aux aromates

•Au bout de 5 à 10 minutes (il doit être bien coloré), enrouler le râble de papier aluminium pour le protéger et mettre au fond tous les aromates (sauf les tomates qui sont déjà cuites).

•Remettre au four à température plus basse. Tourner de temps en temps et remuer les aromates pour qu'ils dégagent bien leurs parfums.

•Laisser cuire encore 5 à 10 minutes puis sortir le cul et le laisser reposer. Veiller à ce que l'ail et les artichauts soient cuits. Les retirer et dégraisser.

•Faire un petit jus court en ajoutant quelques gouttes d'eau et y ajouter les tomates, l'ail et les artichauts.

•Couper les râbles en quatre, les cuisses en deux et servir bien chaud.

Pour 6 à 8 personnes

1 CUL DE LAPIN
(C'EST-À-DIRE LE RÂBLE ET LES DEUX CUISSES)
10 GOUSSES D'AIL NON ÉPLUCHÉES
200 G DE TOMATES CONFITES
THYM, LAURIER, SAUGE
5 FONDS D'ARTICHAUTS COUPÉS EN HUIT
SEL, POIVRE, HUILE D'OLIVE

PINTADE AUX OLIVES

La fricassée de pintade aux olives est un plat assez rapide à faire. Accompagnée d'épeautre ou de pâtes fraîches, c'est un régal pour toute la famille.

Pour 8 personnes

1 PINTADE DE 1,8 À 2 KG
200 G D'OLIVES VERTES DÉNOYAUTÉES
1 ÉCHALOTE
1 L DE FOND BLANC
1 L DE CRÈME FRAÎCHE ÉPAISSE
25 CL DE VIN BLANC
HUILE D'OLIVE, SEL, POIVRE

•Couper la pintade en quatre. Recouper les cuisses en deux (le pilon et le gras de cuisse) et fendre les suprêmes en deux. On a huit morceau égaux.

•Dans un sautoir de bonne dimension, faire chauffer un peu d'huile et faire revenir les morceaux de pintade après les avoir salés et poivrés. C'est très important de le faire avant car les morceaux n'en seront que plus goûteux. Les faire bien colorer de tous les côtés.

•Sortir les morceaux et ôter le gras qui se trouve dans le poêlon. Y jeter l'échalote hachée pour la faire blondir mais pas roussir. Remettre les morceaux de pintade et déglacer au vin blanc.

•Laisser réduire jusqu'à sec et mettre ensuite le fond de volaille. Faire cuire 10 à 15 minutes.

•Sortir les plus petits morceaux des suprêmes qui sont vite cuits et cuire encore 10 bonnes minutes.

•Pour s'assurer que c'est bien cuit, piquer les morceaux à l'aide d'une fourchette ou de la pointe d'un couteau. Il doit sortir un liquide blanc. S'il est sanguinolent, c'est que les morceaux ne sont pas cuits.

•Ensuite, faire réduire le fond blanc doucement presque à sec. Il ne doit rester qu'un peu de liquide dans le fond de la casserole. Ajouter la crème et faire cuire jusqu'à ce qu'elle ait réduit de moitié. Ajouter les olives coupées en quatre et les morceaux de pintade. Laisser mijoter le tout 5 minutes et servir bien chaud.

PIGEON RÔTI AUX GOUSSES D'AIL

Pour 2 personnes

1 PIGEON DE 600 À 650 G
6 GOUSSES D'AIL
SEL, POIVRE, THYM, LAURIER

•Commencer par flamber le pigeon.

•Beaucoup de mes amis, et notamment Florence, se demandent ce que veut dire « flamber » le pigeon. Il s'agit (pour le pigeon autant que pour toute autre volaille) de brûler les petites plumes qui restent sur les pattes, les ailes et les suprêmes. C'est une opération qui se fait sur une flamme vive. On passe la volaille dans tous les sens rapidement sur la flamme et tous les petits poils brûlent.

•Ensuite, vider le pigeon. Couper le cou et les pattes que l'on conserve pour le jus. Mettre une feuille de laurier et une branche de thym à l'intérieur du pigeon.

•Le mettre à rôtir dans une petite cocotte où il rentre juste. Faire bien chauffer puis ajouter le cou et les pattes. Mettre le pigeon sur un côté (feu un peu fort) pendant 5 minutes et encore 5 minutes sur l'autre côté.

•Faire préchauffer le four à 180-200 °C. Mettre le pigeon sur le dos, ajouter les gousses d'ail et enfourner pendant 10 minutes.

•Le pigeon se mange un peu rosé en Provence. Si on l'aime bien cuit, il faut le laisser cuire 5 minutes de plus.

•Au sortir du four, le pigeon doit être bien coloré. Le laisser reposer une bonne quinzaine de minutes afin que les chairs se détendent et qu'il soit plus tendre.

•Dégraisser la cocotte et déglacer avec un petit verre d'eau. Laisser réduire afin d'obtenir un jus court.

Servir avec des pommes paillassons au thym. C'est un vrai régal.

CARRÉ D'AGNEAU AU GROS SEL

L'agneau en Provence est de tradition à Pâques.

L'agneau pascal ne doit être ni trop gras ni rosé mais presque blanc et juste persillé.

Pour 2 personnes

1 CARRÉ DE 6 CÔTES
(LE FAIRE PRÉPARER PAR SON BOUCHER
ET LUI DEMANDER LES OS)
1 OIGNON
1 CAROTTE
3 GOUSSES D'AIL
THYM, LAURIER
GROS SEL

•Prendre les os et les disposer sur une plaque allant au four. Préchauffer le four et faire roussir les os.

•Quand ils sont bien roussis, frotter le carré d'agneau de gros sel et le disposer sur les os (la peau au-dessus). Le cuire à four toujours chaud pendant 10 minutes, l'arroser pour qu'il colore bien et laisser encore 5 minutes.

•Ensuite, le sortir et laisser reposer 15 à 20 minutes sur un plat en le tournant de temps en temps afin que le sang circule de tous les côtés.

Carré d'agneau au gros sel

•Pendant ce temps, se débarrasser du gras qu'il y a sur la plaque et faire revenir oignons, carottes et ail. Mouiller avec de l'eau pour faire le jus, ajouter thym et laurier et laisser cuire une bonne demi-heure. Passer le jus au chinois fin.

•Trancher le carré et l'arroser avec le jus puis servir. Si le carré avait refroidi, le réchauffer mais avant de le trancher.

PIEDS ET PAQUETS

Ingrédients

12 PETITS PAQUETS D'AGNEAU
6 PIEDS D'AGNEAU
1 POIVRON
1 KG DE TOMATES
200 G DE CAROTTES
300 G D'OIGNONS
1 L DE VIN BLANC
HUILE D'OLIVE

• Les paquets sont faits avec des tripes d'agneau farcies d'un gros dé de petit salé et de persillade, coupées en triangle, roulées et ficelées. Je vous conseille personnellement de les faire préparer par votre tripier.

• Faire suer les légumes avec un peu d'huile d'olive. Quand ils sont bien roussis, ajouter les pieds puis au-dessus les paquets. Mettre les tomates en dernier, saler, poivrer et pimenter.

• Mouiller avec 1 l de bon vin blanc et compléter avec de l'eau.

• Cuire 6 heures à feu doux. Une fois cuits, sortir les paquets et les pieds.

• Faire recuire la sauce afin qu'elle ne soit plus acide.

Ce plat se sert bien chaud avec des pommes de terre cuites à l'eau.

Pieds et paquets

**Pieds d'agneau grillés farcis
aux truffes**

PIEDS D'AGNEAU GRILLÉS FARCIS AUX TRUFFES

•Bien faire blanchir les pieds d'agneau. Les rafraîchir et les mettre à braiser avec les carottes, l'oignon, l'échalote, les clous de girofle, le thym, le laurier, le sel et le poivre. Mouiller à hauteur avec le vin blanc et de l'eau. Braiser doucement au four 3 à 4 heures.

•Pendant ce temps, faire un ragoût des ris. Faire suer l'échalote et l'oignon hachés, mettre les ris, mouiller avec 25 cl de jus d'agneau. Laisser cuire 1 heure puis incorporer les truffes.

•Décanter les pieds, les désosser à chaud, les étaler sur une table puis les farcir du ragoût de truffes et de ris. Les rouler bien ronds dans la crépine (forme de cylindre). Laisser reposer une nuit pour les parfums.

•Pour servir, faire revenir à la poêle, bien grillés, déglacés au vinaigre. Faire une vinaigrette avec le jus d'agneau.

•Servir avec des pommes de terre rates à l'eau dans le jus avec un verre de Coteaux d'Aix-en-Provence blanc des Baux.

Pour 4 personnes

8 PIEDS D'AGNEAU
400 G DE RIS D'AGNEAU BIEN BLANCHIS
ET DÉNERVÉS
100 G DE TRUFFES (PARURES OU BRISURES)
1 OIGNON
1 ÉCHALOTE
2 CAROTTES
2 CLOUS DE GIROFLE
1 L DE BON VIN BLANC SEC
50 CL DE JUS D'AGNEAU
THYM, LAURIER, SEL, POIVRE
200 G DE CRÉPINE BIEN DÉGORGÉE
HUILE, VINAIGRE

Les Légumes

La ratatouille

Grand plat provençal de légumes, la ratatouille est toujours dans les réfrigérateurs en été. Elle se mange chaude ou froide, on peut tailler les légumes de plusieurs façons. Les puristes diront que c'est en gros cubes. Aujourd'hui, dans la cuisine actuelle, on la taille plutôt en petits dés et on ne la fait pas trop cuire. Les légumes ont ainsi plus de parfum et, surtout, elle garde une belle couleur.

Pour 10 personnes

2 KG DE TOMATES
600 G D'AUBERGINES
100 G DE COURGETTES
4 GROS OIGNONS
4 POIVRONS VERTS
6 GOUSSES D'AIL
THYM, LAURIER, HUILE D'OLIVE, SEL, POIVRE

• Tailler en petits dés tous les légumes, en commençant par les poivrons. Les mettre à blanchir à grande eau pendant quelques minutes (cela les rendra plus digestes).

• Tailler les aubergines et les courgettes de la même grosseur et les sauter à la poêle bien chaude et à l'huile d'olive. Il faut qu'elles prennent un peu de couleur. Les mettre à égoutter dans une passoire car ces légumes (surtout les aubergines) absorbent beaucoup d'huile. Conserver cette huile pour faire quelques vinaigrettes. Elle est très parfumée et très bonne en goût.

• Pendant ce temps, émonder les tomates et en faire une concassée. Oter la peau et les pépins, hacher grossièrement avec un gros couteau.

• Hacher les oignons et, dans une grande casserole, les faire suer, presque blondir. Y jeter la tomate et laisser cuire presque jusqu'à sec. Ajouter l'ail, le thym, le laurier, le sel et le poivre.

• Mélanger tous les légumes : courgettes, aubergines, poivrons, tomates. Faire bouillir quelques minutes.

La ratatouille doit rester de belle couleur, craquante et surtout d'un bon parfum. Elle accompagne avec joie poissons grillés et viandes rôties froides. On peut aussi la manger en entrée avec quelques tranches de pain grillé ou avec des œufs.

Avec, vous pouvez boire du vin rouge, Domaine de la Présidente de Sainte-Cécile-les-Vignes.

Il y a une autre façon de préparer cette merveille. La façon dite « bohémienne » (Esmeralda pour les amoureux de Victor Hugo et de *Notre-Dame de Paris*).

Prendre les mêmes proportions que pour la ratatouille et ajouter deux fenouils coupés de la même grosseur que les autres légumes. Les blanchir comme les poivrons et, pour le reste, procéder de la même manière. Faire compoter les légumes à four chaud (150 °C).

Le fenouil amène un peu de fraîcheur anisée.

Cette recette est très fraîche et se marie bien avec un rosé de Tavel, Domaine du Vieux-Relais.

La ratatouille

Gratin de blettes ou bettes

Gratin de blettes ou bettes

Ce légume (qui n'est autre qu'un gros bouquet de feuilles issues d'une grosse racine) est particulièrement délicieux. On en trouve presque toute l'année et on peut l'utiliser de plusieurs façons.

•Préparer les blettes en séparant les feuilles vertes des côtes. Bien laver les feuilles vertes et les cuire 10 minutes à l'eau salée. Toujours les refroidir dans l'eau glacée. Les mettre à égoutter et réserver.

•Eplucher les côtes en ôtant le plus de fils possible. Les couper en bâtonnets de 10 cm de long et 0,5 cm de côté. Les cuire également à l'eau salée 15 à 20 minutes. Les rafraîchir, les égoutter, les réserver.

•Faire la béchamel : faire fondre le beurre. Une fois fondu, incorporer la farine et remuer doucement avec une spatule en bois. Faire bouillir le lait et mélanger le tout petit à petit à l'aide d'un fouet. Bien lisser, il ne doit pas rester de grumeaux. Si cela arrivait, il faudrait la passer au chinois ou encore dans un mixer. Laisser cuire quelques minutes.

•Pendant ce temps, hacher finement le vert des blettes. Mélanger avec les côtes et les disposer dans un plat à gratin. Verser au-dessus la béchamel et saupoudrer de parmesan. Mettre au four jusqu'à ce que ce soit bien gratiné (four chaud : 160 à 170 °C).

Ce plat accompagnera très bien les viandes rôties, carrés de veau ou gigot d'agneau. Je vous conseille un vin rouge léger de Cairanne ou Lirac.

On peut aussi faire une poêlée de blettes. Pour les mêmes proportions, les faire sauter dans une poêle avec un peu d'huile d'olive. Ajouter une bonne persillade (persil haché et trois gousses d'ail hachées).

Avec vos restes ou dans un jus de poulet, c'est un légume original et très fin.

Pour 10 personnes

1 KG DE CÔTES DE BLETTES
180 G DE PARMESAN RÂPÉ
1 L DE CRÈME BÉCHAMEL
(100 G DE BEURRE, 80 G DE FARINE,
1 L DE LAIT, SEL, POIVRE, NOIX MUSCADE)

Poivrons rouges ou verts à l'huile d'olive

En été, quand on a des poivrons en abondance, il est très agréable de les faire à l'huile d'olive. On peut les servir pour un apéritif ou en accompagnement de terrines et salades.

•Prendre des poivrons rouges ou verts. Les couper en deux, les débarrasser de leurs graines, les plaquer côté ouvert sur une plaque allant au four. Saler et poivrer, arroser d'huile et mettre au four très chaud (200 à 210 °C) jusqu'à ce que la peau craquelle et noircisse presque.

•Les sortir et les couvrir d'un linge. On peut ainsi les peler très facilement.

•Les mettre dans une terrine et les couvrir d'huile avec un peu d'ail et quelques branches de thym.

On peut en manger à tout moment, avec des tranches de pain de campagne grillées.

Le navet

Le navet n'a plus la grande place qu'il occupait dans la cuisine. En Provence, il entre rarement dans nos plats traditionnels mais je l'aime bien, surtout le petit rond. Aussi, je vous donne cette recette qui le met bien en valeur. Il accompagnera vos viandes rouges ou poissons grillés avec grand plaisir.

Navet confit au vinaigre balsamique

Navet confit au vinaigre balsamique

- Éplucher les navets. Attention, en hiver, il a deux peaux donc faire de grosses pluches.
- Les couper en grosses rondelles, les faire blanchir fortement à l'eau légèrement salée.
- Dans une casserole de bonne dimension pour les recevoir, faire réduire le vinaigre de moitié. Jeter les navets dedans et laisser cuire jusqu'à ce qu'il n'y ait plus de vinaigre. Ils vont devenir tout noirs.
- Un peu de poivre et d'huile d'olive et le tour est joué.
- Vous avez là un légume original et de très bon goût.

Pour 6 personnes

12 PETITS RONDS
25 CL DE VINAIGRE BALSAMIQUE
SEL, POIVRE
2 CUILLÈRES D'HUILE D'OLIVE

Poulette de légumes de printemps

- Laver et éplucher les légumes. Tourner les fonds d'artichauts et les couper en quatre. Tailler le céleri et les carottes d'à peu près la même grosseur afin que cela fasse un bel ensemble. Les cuire séparément à l'eau salée et bien les rafraîchir à l'eau glacée.
- Faire la sauce poulette. Faire bouillir le fond blanc et le réduire de moitié. Mélanger avec la crème fraîche. Faire bouillir le tout et mélanger sur les jaunes d'œufs comme on le ferait pour une crème anglaise.
- Cuire encore sur le feu doux surtout sans faire bouillir et en remuant sans cesse. Incorporer le beurre petit à petit. Ajouter le jus de citron et les fines herbes.
- Échauffer un peu les légumes et mélanger le tout.

Servir dans un plat creux de service, c'est une excellente entrée avec un vin blanc de Châteauneuf-du-Pape.

Pour 6 personnes

1 KG DE PETITS POIS
1 KG DE POIS GOURMANDS
1 KG D'ARTICHAUTS VIOLETS
2 KG D'ASPERGES OU 1 KG DE POINTES
1 KG DE JEUNES CAROTTES
1 PIED DE CÉLERI
1 L DE FOND BLANC
3 JAUNES D'ŒUFS
50 CL DE CRÈME
100 G DE BEURRE
1 JUS DE CITRON
FINES HERBES

Ragoût de pois gourmands au lard

- Faire revenir le lard et les oignons hachés avec l'huile d'olive. Ajouter l'ail et les pois gourmands avec 50 cl de jus de bœuf « Chef » et laisser cuire à feu doux 10 minutes. Saler et poivrer.
- Dresser au centre d'un cercle et mettre le jus de bœuf et les tomates confites autour.

Ingrédients

1 KG DE POIS GOURMANDS
100 G DE LARD FRAIS EN DÉS
2 OIGNONS
4 GOUSSES D'AIL
50 CL DE JUS DE BŒUF « CHEF »
5 CL D'HUILE D'OLIVE
50 G DE TOMATES CONFITES
SEL, POIVRE

La courgette

Ce légume est très méditerranéen. Elle existe longue ou ronde. Il n'y a qu'une cinquantaine d'années que les gens du Nord la connaissent. Aussi, ils ont tendance à l'éplucher alors que dans le Sud on ne l'épluche pas.

COURGETTE MAGALI

Ingrédients

6 PETITES COURGETTES
3 BELLES TOMATES MÛRES
2 OIGNONS
3 GOUSSES D'AIL
FLEUR DE THYM
1 FEUILLE DE LAURIER
SEL, POIVRE, HUILE D'OLIVE

• Emincer les oignons en fines lamelles, hacher les gousses d'ail, la fleur de thym et le laurier, et les disposer dans une plaque allant au four.

• Couper les courgettes en éventail. Intercaler les espaces avec une rondelle de tomate.

• Les disposer sur le lit d'oignons ; saler, poivrer, arroser d'huile d'olive et cuire à four chaud (180 °C).

Ce légume accompagne très bien un carré d'agneau persillé ou des côtes de veau poêlées.

COURGETTES RONDES DE NICE
FARCIES AU PARFUM DE MARJOLAINE

Ingrédients

6 COURGETTES RONDES DE 80 À 100 G
1 OIGNON HACHÉ
2 GOUSSES D'AIL HACHÉES
30 G DE MARJOLAINE
2 JAUNES D'ŒUFS
2 CUILLÈRES À SOUPE DE CRÈME DOUBLE
HUILE D'OLIVE

• Couper les courgettes à un tiers du côté de la queue. Les vider avec une cuillère (doucement pour ne pas les perforer). Faire blanchir à l'eau salée avec les chapeaux.

• Pendant ce temps, faire suer l'oignon avec un peu d'huile d'olive. Quand il commence à blondir, jeter la pulpe de courgette et l'ail, et laisser cuire doucement jusqu'à ce que ce soit sec. Remuer souvent afin que cela fasse comme une purée. Ajouter la crème.

• Faire encore un peu réduire, presque de moitié. Laisser refroidir, mélanger les jaunes d'œufs, rectifier l'assaisonnement. Ajouter la marjolaine hachée.

• Emplir les courgettes bien séchées avec un linge ou du papier absorbant. Mettre les chapeaux au-dessus et mettre au four à 160 °C. Arroser d'huile et cuire doucement 2 heures à 2 heures et demie. La farce est cuite quand elle a la consistance d'un flan.

On peut les manger chaudes avec une vinaigrette aux herbes ou même froides. Elles accompagnent aussi de grosses pièces de boucherie comme une côte de bœuf.

Courgette Magali

Courgettes et tomates confites

COURGETTES ET TOMATES CONFITES

• Monder les tomates (c'est-à-dire enlever la peau), les couper en quatre et enlever les graines afin d'obtenir de beaux suprêmes. Les mettre à égoutter.

• Pendant ce temps, faire des lames de courgettes d'environ 1 cm d'épaisseur. Piler l'ail dans le fond d'un plat allant au four et saupoudrer de fleur de thym.

• Intercaler une rangée de courgettes, une rangée de tomates et ainsi de suite.

• Arroser d'huile d'olive et confire doucement 3 à 4 heures dans un four à 120 °C.

Ce plat est très facile à réaliser et très agréable à manger en été. Il se mange aussi bien chaud que froid.

Ingrédients

6 BELLES COURGETTES LONGUES DE 100 À 150 G
1 KG DE TOMATES BIEN MÛRES
1 GOUSSE D'AIL
THYM, SEL, POIVRE, HUILE D'OLIVE

SAUTÉ DE COURGETTES À LA MARJOLAINE

Souvent, la courgette a la réputation d'être un légume fade. Vous trouverez ici une recette qui épatera vos amis.

Vite faite, elle peut accompagner les viandes et les poissons.

• Couper les courgettes en bâtonnets de 3 cm de long sur 1 cm de large. Les faire sauter dans une poêle avec de l'huile d'olive bien chaude afin qu'elles soient bien colorées.

• Là, jeter les échalotes finement hachées, donner quelques tours de poêle et ajouter la marjolaine hachée.

• Les égoutter dans une passoire pour ôter le gras et servir bien chaud.

Pour 6 personnes

4 PETITES COURGETTES BIEN FERMES
1 ÉCHALOTE FINEMENT HACHÉE
15 G DE MARJOLAINE
HUILE D'OLIVE, SEL, POIVRE

ROULÉ D'AUBERGINES À LA TOMATE

• Faire des lames dans le sens de la longueur des aubergines. Les saler et les laisser dégorger quelques heures. Après, les rincer à l'eau claire, les sécher et les faire frire à grande friteuse (pas trop grillées pour qu'elles ne soient pas trop sèches). Les égoutter sur un papier absorbant ou un linge propre.

• Parfumer la tomate concassée bien sèche avec l'estragon et rectifier l'assaisonnement.

• Etaler finement la tomate sur les lames d'aubergines et les rouler. Les disposer sur un plat allant au four. Les chauffer après les avoir légèrement arrosées d'huile d'olive.

Chez nous, on appelle cela le menu provençal.

Pour 6 personnes

5 BELLES AUBERGINES
500 G DE TOMATE CONCASSÉE
10 G D'ESTRAGON
SEL, POIVRE, HUILE D'OLIVE

L'artichaut

Ce légume est bien de la Méditerranée. On dit qu'il a vu le jour en Sicile. En tout cas, merci à Catherine de Médicis qui nous le ramena.

Je ne vous parlerai ici que des artichauts violets et des poivrades que nous mangeons crus avec un peu de gros sel et d'huile d'olive.

ARTICHAUT EN BARIGOULE

Ingrédients

12 PIÈCES D'ARTICHAUTS VIOLETS
2 CAROTTES
2 OIGNONS, 1 TÊTE D'AIL
1 BRANCHE DE CÉLERI
1 BOUQUET DE BASILIC
HUILE D'OLIVE, THYM, LAURIER
FOND BLANC

•Tourner les artichauts, garder les feuilles blanches. Faire une matignon des carottes, oignons et céleri. Faire un fricot avec les feuilles blanches finement hachées. Farcir les fonds d'artichauts. Les braiser avec le fond blanc, l'ail grossièrement haché, le thym et le laurier. Laisser cuire 20 à 30 minutes selon la grosseur. Débarrasser les fonds. Faire réduire le jus. Ajouter le basilic haché. Rectifier l'assaisonnement.

POIVRADE À LA GRECQUE

Ingrédients

18 PETITS ARTICHAUTS
25 CL DE VIN BLANC
25 CL D'EAU
6 CUILLÈRES À SOUPE D'HUILE D'OLIVE
1 JUS DE CITRON
SEL, POIVRE ET 10 GRAINES DE CORIANDRE
1 BOUQUET GARNI (1 BRANCHE DE THYM,
1 FEUILLE DE LAURIER ET 1 BRANCHE DE CÉLERI,
LE TOUT ATTACHÉ)

•Préparer les artichauts en coupant les queues (ne laisser que 2 cm). Enlever les feuilles un peu dures et couper la pointe des feuilles.

•Dans une casserole assez grande, faire bouillir le vin blanc, l'eau, l'huile avec le sel, le poivre, la coriandre et le bouquet garni et le jus de citron.

•Quand le tout bout fortement, jeter les artichauts et faire cuire à feu fort 7 à 8 minutes. C'est très tendre et ils cassent vite.

•Les sortir, les ranger la queue en l'air.

•Faire réduire de moitié et mettre le jus dans le plat avec les artichauts. Laisser refroidir.

•Servir en entrée, chaud ou froid, c'est super.

FLAN D'ARTICHAUTS

Ingrédients

200 G DE FONDS D'ARTICHAUTS VIOLETS
1 FEUILLE DE LAURIER
1 BRIN DE ROMARIN
7 ŒUFS
50 CL DE CRÈME LIQUIDE

•Parer les artichauts et les citronner s'ils doivent attendre leur cuisson. Les cuire avec une feuille de laurier et le romarin.

•Mixer ensuite les artichauts avec trois œufs entiers et quatre jaunes. Ajouter la crème fraîche et remixer. Passer la préparation au chinois.

•Préchauffer le four (th. 5). Verser soit dans un moule à flan, soit dans de petits ramequins individuels. Cuire lentement et doucement dans le four au bain-marie. C'est la lente coagulation des œufs qui fera la réussite parfaite du flan.

Artichaut en barigoule

TOMATES À LA PROVENÇALE

Il y a bien trente mille recettes de tomates à la provençale. Toutes les mamans, toutes les grands-mamans ont la leur. Chaque famille, chaque maison a la sienne et chacune ou chacun jure que la sienne est non seulement la vraie, mais la meilleure et, bien sûr, tout le monde a raison !

Pour 4 personnes

Ma recette

8 BELLES TOMATES BIEN MÛRES
50 G D'AIL
1 BOUQUET DE PERSIL PLAT
150 G DE MIE DE PAIN BIEN BLANCHE
SEL, POIVRE
HUILE D'OLIVE
FLEUR DE THYM

- Préchauffer le four.
- Hacher l'ail et le persil.
- Couper les tomates en deux. Les presser d'un coup sec pour faire gicler les graines (en Provence on dit « esquicher » pour presser).
- Disposer les tomates sur une plaque à four ou dans un plat à gratin. Saler, poivrer, parsemer de fleur de thym.
- Mélanger le persil et l'ail avec un peu d'huile d'olive et la mie de pain pour que ça fasse une pâte bien épaisse et grasse.
- Garnir les tomates avec cette pâte et enfourner à température 150-160 °C. Laisser cuire 20 à 30 minutes.

Je les aime bien cuites mais pas rabougries comme certains les préfèrent. J'aime qu'elles soient encore un peu juteuses à cœur.

Les tomates à la provençale se mangent chaudes en buvant un bon rosé bien frais. C'est simple et sympa !

Pour éviter de graves conflits familiaux, je me vois obligé de vous donner l'autre façon de faire les tomates à la provençale. Cuites ainsi, elles stimulent vivement les grillades de viandes ou poissons.

En général, on les mange chaudes mais certains vieux Provençaux adoraient les étaler froides sur une baguette craquante avec un filet d'huile d'olive pour leur petit déjeuner.

Il faut pour les cuire une grande poêle à fond épais (ou deux petites).

- Couper les tomates en deux par le milieu de leur hauteur et non du pédoncule à la base comme le font certains touristes.

•Oter les pépins ; saler les tranches coupées. Disposer les tomates dans une poêle (côté salé en bas), verser quelques gouttes d'huile. Commencer la cuisson à feu vif. Les tomates vont « rendre l'eau ».

•Faire une persillade au couteau ou au hachoir berceau.

•Quand les tomates ont fini de rendre l'eau et que celle-ci s'est évaporée, les retourner, poivrer et disposer sur la partie cuite une jolie pincée de persillade et, éventuellement, un peu de sucre. Baisser le feu et cuire le plus longtemps possible. Les tomates vont se ratatiner, c'est le but du jeu. Si elles attachent, baisser le feu au minimum et verser un peu d'eau. Cela fera un jus foncé dans lequel les tomates vont se confire.

•Surveiller, elles vont se pincer chaque fois que ce jus sera évaporé, rajouter alors quelques gouttes d'eau. Quand il ne reste plus qu'un tout petit peu de chair et de persillade dans la peau complètement ratatinée, quand le jus s'est une dernière fois caramélisé et presque totalement évaporé, les tomates sont cuites.

•Les servir avec un filet d'huile d'olive crue.

Pour 4 personnes

8 à 10 TOMATES
2 GOUSSES D'AIL AU MOINS
20 G DE PERSIL PLAT
SEL, POIVRE
HUILE D'OLIVE
1 PINCÉE DE SUCRE (ÉVENTUELLEMENT)

Tomates à la provençale

Cardes à la crème et aux anchois

Les cardes

La carde est un plat traditionnel de Noël en Provence. C'est un légume méditerranéen qui pousse encore chez nous à l'état sauvage et peut atteindre 1,50 à 2 m de haut. Il est de la famille de l'artichaut, il a la même fleur.

Mais nous ne nous occuperons que des cardes cultivées qui sont bonnes aux premières gelées. On ne mange que les côtes après les avoir épluchées. Cela noircit beaucoup les doigts. On les coupe en petits bâtonnets et on les plonge dans de l'eau citronnée pour ne pas qu'elles noircissent. Elles se cuisent toujours à l'anglaise avant de les apprêter.

CARDES À LA CRÈME ET AUX ANCHOIS

• Préparer les cardes et les faire cuire comme indiqué ci-dessus. Un kilo de cardes représente un gros pied, voire deux car il y a beaucoup de perte.

• Faire fondre les filets d'anchois dans une casserole assez grande avec un peu d'eau en remuant toujours avec une cuillère en bois. Lorsque l'anchois fait comme une pâte, ajouter la crème et faire bouillir.

• Pendant ce temps, disposer les cardes dans un plat à gratin. Quand la crème réduit de moitié, rectifier l'assaisonnement et la jeter sur les cardes. Saupoudrer de gruyère.

• Finir de cuire au four 15 à 20 minutes à 160 °C.

Le gratin doit être bien doré. Il accompagnera vos gigots ou un poulet rôti avec grand plaisir.

Pour 6 à 8 personnes

1 KG DE CARDES
1 L DE CRÈME FRAÎCHE
200 G DE GRUYÈRE RÂPÉ
6 FILETS D'ANCHOIS
SEL, POIVRE, MUSCADE

CARDONS FROIDS

Le cardon est également excellent en salade.

• Choisir les côtes les plus tendres de deux cardons pour 8 personnes. Les couper un peu gros : 6 à 7 cm de long sur 2 à 3 cm de côté. Les cuire à l'eau bien salée.

• Faire une vinaigrette à l'anchois avec six filets d'anchois au sel préalablement dégorgés à l'eau pendant quelques heures.

• Les faire fondre dans une casserole, ajouter deux gousses d'ail pilées, deux cuillères de bon vinaigre et 2 cuillères à huile d'olive.

• Cela donne une anchoïade légère dans laquelle on trempera les cardons froids.

Le fenouil

Légume méditerranéen, il restera longtemps dans le pays niçois et ce n'est pas avec un grand succès qu'il conquit le reste du pays. Pour nous, c'est un légume extra que l'on mange cru ou cuit, confit… bref, à toutes les sauces.

Il accompagne viandes et poissons et ce peut même être un excellent dessert, confit au sucre avec quelques épices.

FENOUIL BRAISÉ AU SAFRAN

Ingrédients

6 BULBES DE FENOUIL
2 OIGNONS
THYM, LAURIER
1 CAROTTE
2 GOUSSES D'AIL
25 CL DE VIN BLANC
1 G DE SAFRAN
SEL, POIVRE
HUILE D'OLIVE

•Couper les bulbes en deux. Supprimer les feuilles dures (que l'on peut utiliser pour faire une crème ou une soupe). Les blanchir fortement à l'eau salée. Les refroidir.

•Pendant ce temps, couper les oignons et la carotte en petits dés de 3 mm de côté. Ecraser les gousses d'ail, faire sauter le tout avec un peu d'huile d'olive dans un sautoir de bonne dimension pour recevoir les feuilles.

•Quand tout cela a bien sué, disposer les bulbes. Bien les ranger et ne surtout pas les chevaucher. Ajouter le thym et le laurier. Mouiller avec le vin blanc dans lequel on aura préalablement délayé le safran et finir de couvrir avec de l'eau. Porter à ébullition, saler, poivrer.

•Couvrir et cuire doucement au four à 180 °C pendant 2 heures.

•Après la cuisson, retirer les fenouils. Faire réduire la sauce puis la passer au chinois et émulsionner avec un peu d'huile d'olive.

Accompagne volontiers des poissons grillés ou des viandes blanches.

GRATIN DE POINTES D'ASPERGES

Pour 6 personnes

5 À 8 POINTES D'ASPERGES SELON LA GROSSEUR PAR PERSONNE
1 L DE FOND BLANC DE VOLAILLE
1/2 CITRON
SEL, POIVRE, MUSCADE
2 ŒUFS
BEURRE, FARINE

•Cuire les pointes d'asperges dans de l'eau salée. Il faut qu'elles soient à l'aise. Faire un velouté avec le fond blanc. Pour ça, on fait un roux blanc avec 70 g de farine et 80 g de beurre. Mélanger en évitant de laisser prendre couleur. Mouiller avec le fond blanc de volaille et laisser cuire assez longtemps et doucement. Assaisonner de sel, poivre, un peu de muscade et ajouter quelques gouttes de citron.

•Egoutter soigneusement les pointes d'asperges puis les disposer dans un plat à gratin. Préchauffer le four à 100 °C.

•Hors du feu, incorporer dans le velouté des jaunes d'œufs en montant doucement au fouet.

•Recouvrir à bonne hauteur les asperges, enfourner pendant 1 heure à 100 °C.

•Dix minutes avant de servir, augmenter le feu et passer sous le gril pour dorer la surface.

Fenouil braisé au safran

MILLEFEUILLE DE TOMATES, AUBERGINES ET MOZZARELLE

Pour 6 personnes

8 TOMATES SAINT-PIERRE
4 AUBERGINES
200 G DE MOZZARELLE
AIL, ÉCHALOTE
THYM, LAURIER
50 CL D'HUILE D'OLIVE
POIVRE MIGNONNETTE

• Couper les aubergines en rondelles. Les cuire à l'huile d'olive. Bien colorer de chaque côté. Couper les tomates en rondelles et les cuire vivement dans une poêle. Ajouter au dernier moment l'ail et l'échalote hachée, quelques brins de thym et une feuille de laurier pulvérisée.

• Intercaler dans des cercles les aubergines et les tomates. Cuire à four chaud (150 °C) pendant 30 minutes.

• Monter légèrement le jus à l'huile d'olive. Recouvrir le tout de mozzarelle et faire gratiner.

Ce plat se mange seul, en entrée chaude ou même froide accompagné d'une vinaigrette. Un bon rosé ou un rouge léger sont excellents avec ce mets.

**Millefeuille de
tomates, aubergines
et mozzarelle**

Les Desserts

CHAUSSONS AUX COINGS

- Faire un sirop avec le litre d'eau et le sucre. Cuire les coings entiers, avec la peau dans le sirop. Laisser refroidir dedans.
- Pendant ce temps, préparer quatre cercles de 20 cm de diamètre et 3 mm d'épaisseur avec le feuilletage.
- Couper les coings en dés en ôtant les pépins mais laisser la peau.
- Etaler la compote de pommes au milieu des cercles de feuilletage et disposer les coings en dés.
- Refermer les cercles en deux en les coulant avec un peu de jaune d'œuf.
- Les dorer avec le jaune d'œuf restant.
- Les piquer un peu et les enfourner dans un four préchauffé à 180 °C.
- Les laisser cuire 20 minutes.

Je vous recommande de les manger tièdes, c'est bien meilleur que froids.

Pour 4 personnes

4 COINGS BIEN MÛRS
FEUILLETAGE
4 CUILLERÉES DE COMPOTE DE POMMES
1 JAUNE D'ŒUF

Pour le sirop

1 L D'EAU
750 G DE SUCRE

TARTE À LA TOMATE VERTE

- Monder les tomates et les confire dans un sirop : 1 kg de sucre pour 1 l d'eau. Quand le sirop bout, y plonger les tomates, porter de nouveau à ébullition puis laisser refroidir plusieurs heures.
- Couper les tomates en quatre et retirer toutes les graines. Les retremper dans le sirop avec le gingembre en poudre et les clous de girofle. Porter à ébullition et laisser refroidir.
- Avec les graines, faire une compotée (les recuire avec un peu de sirop) qui sera disposée sur le fond de la tarte préalablement cuit.
- Y disposer ensuite les tomates confites en rosace.

Servir chaud ou froid avec un coulis d'abricot.

Pour 6 personnes

8 TOMATES VERTES
100 G DE PÂTE SUCRÉE
14 G DE GINGEMBRE EN POUDRE
3 CLOUS DE GIROFLE

Sorbet au fenouil

Ingrédients

900 G DE SUCRE SEMOULE
12 G DE STABILISATEUR
300 G DE FENOUIL SÉCHÉ
2 L D'EAU

- Mettre le sucre, le stabilisateur et le fenouil séché dans une casserole. Mouiller avec 1 l d'eau et porter à ébullition.
- Lorsque le mélange bout, couper le gaz et laisser infuser environ 30 minutes. Rajouter ensuite le second litre d'eau.
- Laisser complètement refroidir et turbiner.

Sorbet au fenouil

TARTE AUX PIGNONS

• Travailler le beurre en pommade avec le sucre et la pincée de sel. Ajouter les jaunes peu à peu. Incorporer la farine. Travailler le moins possible. Laisser reposer 4 heures.

• Foncer un moule pour 8 personnes. Le précuire à blanc quelques minutes à four chaud (200 °C).

• Faire un caramel blond au beurre. Ajouter les pignons.

• Laisser cuire et déglacer à la crème.

• Recuire quelques minutes avec la crème.

• Verser le tout dans le fond de tarte.

• Cuire au four 20 minutes à 160 °C.

Tarte aux pignons

Pour la pâte pour 8 personnes

125 G DE BEURRE
125 G DE SUCRE
4 JAUNES D'ŒUFS
250 G DE FARINE
SEL (PM)
1 GOUSSE DE VANILLE

Pour la tarte

1 FOND DE TARTE EN PÂTE SUCRÉE
100 G DE SUCRE
100 G DE BEURRE
400 G DE PIGNONS
25 CL DE CRÈME DOUBLE

Poires rôties au vin aux épices

POIRES RÔTIES AU VIN AUX ÉPICES

Pour 4 personnes

- Faire le vin aux épices : mélanger le vin, le jus d'orange, les rondelles de citron, les rondelles d'orange, le sucre, les fleurs d'anis, le bâton de cannelle et les clous de girofle. Faire bouillir le tout et le passer au chinois.
- Peler les poires et les vider tout en les gardant entières.
- Reporter le vin à ébullition et y plonger les poires.
- Vérifier la cuisson à l'aide d'une lame de couteau.
- Laisser refroidir les poires dans le vin pour bien les colorer.

4 POIRES
1 L DE VIN ROUGE
25 CL DE JUS D'ORANGE
1 CITRON EN RONDELLES
1 ORANGE EN RONDELLES
250 G DE SUCRE
3 FLEURS D'ANIS
1 BÂTON DE CANNELLE
2 CLOUS DE GIROFLE

POMMES AU CARAMEL

Pour 6 personnes

- Peler les pommes et les couper en huit. Oter les pépins.
- Faire un caramel avec le beurre, le miel et le sucre. Dès qu'il devient brun, jeter les huitièmes de pommes et faire sauter comme on le ferait pour des pommes sautées.
- Quand elles sont bien enrobées de caramel, laisser cuire doucement 3 à 4 minutes.
- Les retirer et les dresser sur un plat de service.
- Déglacer le caramel restant hors du feu avec le calvados. Cela doit faire une sauce de couleur ambre avec laquelle on fera un cordon autour des pommes.

1 KG DE POMMES GOLDEN OU REINETTES DU CANADA
1 BOUTEILLE DE CIDRE
1/2 VERRE DE CALVADOS
200 G DE SUCRE
200 G DE MIEL
100 G DE BEURRE

POMMES DARPHIN

Ingrédients pour 1 personne

- Râper les pommes après les avoir pelées. Les sucrer au fur et à mesure et ajouter éventuellement quelques gouttes de citron pour éviter qu'elles noircissent. Ajouter l'alcool et mêler intimement le tout.
- Battre les œufs entiers, les mélanger à la préparation. Cuire comme une omelette avec un tout petit peu de beurre. Tourner l'omelette avec un vire-pei et cuire l'autre face.

1 POMME
2 ŒUFS
SUCRE EN POUDRE
QUELQUES GOUTTES DE JUS DE CITRON
3 CL DE COGNAC

SOUPE DE FRUITS ROUGES

Ingrédients

20 g de Grand Marnier
250 g de sucre semoule
500 g d'eau
50 g de framboises
50 g de fraises des bois
50 g de groseilles
50 g de mûres
50 g de cassis

• Mettre le sucre dans une casserole et rajouter l'eau. Porter à ébullition et laisser refroidir. Lorsque le sirop est froid, verser sur les fruits et remuer délicatement pour ne pas écraser les fruits.

GRANITÉ CITRON BASILIC

Ingrédients

1,25 l d'eau
450 g de sucre
300 g de jus de citron
1/2 botte de basilic

Cette recette est facile à réaliser, et elle est très rafraîchissante quand les beaux jours arrivent.

• Mélanger l'eau, le sucre, le jus de citron et le basilic.
• Porter à ébullition et ensuite passer au chinois étamine. Le mettre à figer au congélateur, dès qu'il commence à prendre, le gratter avec une fourchette.

POÊLÉE DE PÊCHES AU MIEL, GLACE À LA LAVANDE

Pour 4 personnes

600 g de pêches en quartiers
1 cuillère à soupe de miel de lavande

Pour la glace

50 cl de lait
6 jaunes d'œufs
125 g de sucre
arôme naturel soluble de lavande en quantité suffisante (selon le goût)

• Faire la glace à la lavande.
• Poêler les pêches au beurre et au miel.
• Disposer les quartiers de pêche en rosace autour de l'assiette. Les arroser du miel chaud restant dans la poêle.
• Faire une boule de glace à la lavande et la mettre au milieu des pêches.

NAVETTES PROVENÇALES

Ingrédients

750 g de farine
375 g de sucre en poudre
65 g de beurre
3 œufs
10 cl d'eau
zestes de 1 citron
sel

• Faire une fontaine avec la farine et mettre le sucre, le beurre ramolli, les zestes, une pincée de sel et les œufs. Incorporer l'eau pour obtenir une pâte homogène.
• Façonner des boudins suivant la grosseur des navettes souhaitées. Les couper en tronçons et leur donner une forme ovale.
• Les disposer sur une plaque beurrée. Faire une entaille au centre de chaque navette et laisser reposer 1 heure. Dorer avec un jaune d'œuf.
• Passer au four à température modérée et les sortir quand elles sont bien dorées.

Soupe de fruits rouges

CROQUANTS AUX NOISETTES

Ingrédients

500 G DE SUCRE SEMOULE
100 G DE BLANCS D'ŒUFS
200 G DE NOISETTES ENTIÈRES
50 G DE FARINE

- Mélanger le sucre et la farine à sec. Rajouter ensuite les blancs d'œufs et remuer jusqu'à obtention d'une pâte assez liquide.

- Rajouter en dernier les noisettes entières et former des petites boules d'environ 2 cm de diamètre.

- Les disposer sur une plaque à four avec un papier antiadhésif et les mettre à cuire environ 5 minutes à 180 °C.

Croquants aux noisettes

Tarte fine aux feuilles vertes de laitue et à la rhubarbe

- Dans un moule rond, étaler le feuilletage de 2 mm d'épaisseur.
- Faire douze petites boules de rhubarbe, enrober de feuilles de laitue comme vous le feriez pour des caillettes.
- Disposer sur la pâte.
- Couler un appareil à flan à la vanille.
- Cuire au four à 150 °C pendant 15 à 20 minutes.

Pour 6 personnes

12 belles feuilles de laitue fortement blanchies
300 g de rhubarbe coupée en grosse julienne, blanchie et sautée à la poêle
pour la coloration et légèrement sucrée
feuilletage

Pour l'appareil à flan

2 jaunes d'œufs, 1 œuf entier
100 g de sucre
2 gousses de vanille
50 cl de crème fleurette

Pamplemousses confits

Pamplemousses confits

- Peler les pamplemousses à vif. Les faire blanchir dans l'eau.
- Faire ensuite bouillir le sucre et l'eau. Dès que le sirop est à ébullition, y plonger les morceaux de pamplemousse et laisser confire environ une journée à feu très doux.
- Lorsque les pamplemousses sont cuits, ils doivent être transparents. Les laisser refroidir dans le sirop puis les mettre à égoutter sur une grille une demi-journée environ.
- Les tailler en lamelles de 0,5 cm et les passer dans du sucre.

Ingrédients

4 pamplemousses
1 kg de sucre semoule
1,5 l d'eau

TOMATES FARCIES AUX AVELINES

Pour 4 personnes
4 TOMATES
300 G DE SUCRE SEMOULE
50 G DE NOIX CERNEAUX
50 G D'AMANDES EFFILÉES
50 G DE NOISETTES
50 G DE PIGNONS
150 G DE CRÈME LIQUIDE

- Monder les tomates : les plonger dans de l'eau bouillante et laisser environ 20 secondes. Les retirer et les rafraîchir avec de l'eau glacée. Les éplucher.
- Couper leur chapeau et les vider en enlevant les pépins et le reste de la pulpe.
- Faire le caramel : cuire le sucre à sec dans une casserole. Laisser cuire jusqu'à obtention d'un caramel bien foncé.
- Ajouter la crème liquide, mélanger. Couper le gaz et ajouter les fruits secs.
- Garnir les tomates avec le caramel aux avelines et remettre le chapeau.

CHOCO-TRUFFES

Ingrédients

4 JAUNES D'ŒUFS
150 G DE SUCRE À 121 °C
185 G DE BEURRE FONDU
100 G DE CHOCOLAT COUVERTURE NOIRE FONDU
60 G DE TRUFFES
350 G DE CRÈME FOUETTÉE

- Faire un appareil à bombe avec les jaunes d'œufs et le sucre.
- Y incorporer ensuite le beurre et le chocolat fondus.
- Laisser refroidir complètement l'appareil.
- Incorporer ensuite la crème fouettée et les truffes râpées.

CRÈME BRÛLÉE AU PARFUM DE LAVANDE

Pour 4 à 6 personnes

6 JAUNES D'ŒUFS
100 G DE SUCRE SEMOULE
250 G DE CRÈME FLEURETTE
100 G DE LAIT
1 G DE FLEUR
DE LAVANDE
SÉCHÉE

- Mélanger les jaunes avec le sucre en fouettant bien afin qu'ils blanchissent.
- Ajouter la crème et le lait à froid, ainsi que la lavande.
- Laisser reposer ce mélange 1 à 2 heures pour que la lavande diffuse bien son parfum.
- Verser dans un plat à œuf ou une assiette en faïence allant au four.
- Cuire au bain-marie à four doux à 130°C pendant 1 heure et quart.
- Sortir et laisser refroidir.

Il est conseillé de la faire le matin pour le soir.

Tomates farcies aux avelines

Les Treize Desserts

En Provence, le dîner du réveillon de Noël commence très simplement. Il est servi à temps afin qu'on le termine avant de quitter la maison pour la messe de minuit.

Sur la table, on posera, en souvenir des sept plaies sacrées du Christ, sept mets où doivent entrer trois éléments :

- l'ail et la sauge, plantes de vertu réputées miraculeuses ;
- un poisson maigre.

Pour achever cet humble festin, on sert ensuite les treize desserts qui peuvent paraître exagérés mais qui sont en réalité des offrandes très modestes : dattes, noix, noisettes, figues, raisins, amandes, nougat noir, nougat blanc, mandarine, papillotes, oreillettes, pâte de coings et fougasse.

Les dattes : fruit béni car un palmier offrit refuge à Marie lorsqu'elle fuyait en Egypte.

Les fruits secs : noix, noisettes, figue, raisin et amande qui sont un échantillon des précieuses richesses du terroir et font partie des réserves récoltées l'été.

Les nougats : le noir étant très dur et le blanc plus tendre.

La mandarine : fort appréciée car son écorce jetée dans le feu dégage une odeur des plus agréables.

Les papillottes : parce que l'enveloppe frangée de ce bonbon contient une surprise dont raffolent les enfants.

Les oreillettes et le pâte de coings : que l'on peut préparer soi-même car la tradition préfère que les treize desserts soient confectionnés dans la famille.

La fougasse : qui fait partie des offrandes de la crèche vivante lors de la messe de minuit.

Crème glacée à la truffe

CRÈME GLACÉE À LA TRUFFE

•Mettre un saladier vide au réfrigérateur et une casserole sur le feu pour bouillir le lait avec la vanille.

•Faire une crème anglaise en travaillant les jaunes d'œufs avec 250 g de sucre. Ajouter le lait et faire cuire doucement. La crème est à point quand elle nappe la cuillère. Oter la vanille et laisser refroidir.

•Pendant ce temps, monter une chantilly au fouet dans le saladier frais avec la crème et le sucre.

•Quand la crème est refroidie, y incorporer délicatement la chantilly et les truffes finement hachées.

•Garnir un ou plusieurs moules et passer au congélateur.

Ingrédients

8 JAUNES D'ŒUFS
250 + 50 G DE SUCRE
1/2 BÂTON DE VANILLE
1/2 LITRE DE LAIT
1 POT DE CRÈME FRAÎCHE
20 G DE TRUFFES

OREILLETTES

Ingrédients

1 KG DE FARINE
40 G DE SUCRE
3 ORANGES RÂPÉES
2 CITRONS RÂPÉS
10 G D'HUILE D'ARACHIDE
1/2 ORANGE EN JUS
125 G DE SUCRE FONDU
3 ŒUFS
SUCRE GLACE

•Pétrir la farine, le sucre, les œufs, le jus d'orange, les zestes de citron et d'orange mélangés jusqu'à obtention d'une pâte homogène. Y incorporer ensuite le beurre fondu.

•Etaler la pâte ainsi obtenue bien fine. Y découper des rectangles et les faire frire dans de l'huile bien chaude. Les mettre ensuite à égoutter sur du papier absorbant.

•Une fois cuites et égouttées, saupoudrer les oreillettes de sucre glace.

PÂTE DE COINGS

•Prendre des coings bien mûrs. Les laver et les couper en quatre tels quels.

•Les mettre dans une casserole, juste les recouvrir d'eau et faire cuire.

•Quand ils sont bien tendres, les passer à la moulinette après les avoir égouttés.

•Peser cette purée et doser 1 kg de sucre pour 1 kg de purée.

•Mettre le mélange dans une bassine et faire cuire doucement en remuant sans cesse.

•Il faut être plusieurs pour cette recette car vous en aurez au moins pour une demi-heure, et cela risque de vite fatiguer votre bras à cause du va-et-vient de la spatule.

•Pour voir si votre pâte de coings est cuite, versez-en dans une assiette. Si la pâte reste compacte, c'est prêt. La verser alors sur une plaque et la laisser refroidir.

•Vous pouvez détailler en morceaux comme il vous convient.

POMPE À HUILE OU FOUGASSE

Ingrédients

125 G ET 325 G DE FARINE
150 G DE SUCRE
10 CL D'HUILE D'OLIVE
1 ORANGE
1 CITRON
20 G DE LEVURE DE BOULANGER
1 JAUNE D'ŒUF
2 CUILLÈRES À SOUPE DE FLEUR D'ORANGER

C'est une recette provençale par excellence et indispensable pour les fêtes traditionnelles de Noël.

•La veille, préparer un levain avec 125 g de farine, la levure et 8 cl d'eau.

•Laisser reposer le levain toute la nuit.

•Le lendemain, râper les zestes d'orange et de citron. Mettre dans un saladier les 325 g de farine en fontaine. Verser ensuite le sucre, le sel, l'huile et l'eau

Oreillettes

de fleur d'oranger. Mélanger avec le levain jusqu'à l'obtention d'une pâte homogène. Laisser reposer environ 30 minutes.

• Ensuite, prendre la pâte et bien la battre sur le plan de travail pour faire sortir le gaz de fermentation.

• L'étaler à 1 cm d'épaisseur. Faire des rectangles et les inciser au milieu avec un couteau.

• Mettre au four à 180 °C pendant 20 minutes.

NOUGAT BLANC

Ingrédients

700 G DE MIEL
175 G DE BLANCS D'ŒUFS CHAUFFÉS
ET BATTUS EN NEIGE
400 G DE GLUCOSE
800 G DE SUCRE
300 G D'EAU
900 G D'AMANDES ENTIÈRES TORRÉFIÉES

•Verser le sucre cuit (glucose + sucre + eau, cuits à 140 °C) et le miel sur les blancs montés en neige. Laisser tourner jusqu'à complet refroidissement.

•Ajouter ensuite les amandes chaudes. Verser aussitôt sur une plaque bien graissée et laisser refroidir.

•Tailler des barres de la grosseur souhaitée.

NOUGAT NOIR

Ingrédients

500 G DE MIEL
50 G DE GLUCOSE
500 G D'AMANDES GRILLÉES NON ÉPLUCHÉES

• Dans une casserole, cuire le miel avec le glucose afin d'obtenir un caramel.

• Ajouter les amandes grillées chaudes et remuer à l'aide d'une spatule en bois.

• Verser le nougat sur un papier sulfurisé puis laisser refroidir quelques heures.

• Détailler le nougat avec un couteau scie de la taille souhaitée.

Nougat noir

Table des Matières

Photo de 1re de couverture :
Eric Cattin

Cet ouvrage a été achevé d'imprimer en France par l'imprimerie Mame à Tours (37)
Flashage numérique CTP (n° 05022059)
I.S.B.N. 2.7373.2459.9 - N° d'éditeur : 3847.05.03.02.05
Dépôt légal : avril 1999

MAME